本书是全国教育科学规划教育部重点项目“信任对学生合作行为的影响机制研究”（DBA130212）的最终成果

社会心理与应用系列

社会困境中的合作
信任的力量

Cooperation in Social Dilemmas
The Power of Trust

陈 欣◎著

科 学 出 版 社
北 京

内 容 简 介

社会困境是指个体在面对个人利益最大化（不合作）与群体利益最大化（合作）的冲突时个人的选择困境。信任是指个体在缺乏足够信息来判断他人动机、意图和行为的情况下，以对他人意图和行为的积极预期为基础，将拥有的资源交给他人处置并承担相应风险的意愿。本书通过文献整理和实证研究，论证和阐述了社会困境中个体之间的人际信任是走出社会困境的关键因素，培育信任、引导合作在社会困境中具有重要作用。

本书可供心理学科研工作者和心理学爱好者参阅。

图书在版编目（CIP）数据

社会困境中的合作：信任的力量 / 陈欣著. —北京：科学出版社，2019.9
ISBN 978-7-03-060216-9

Ⅰ.①社… Ⅱ.①陈… Ⅲ.①社会心理学 Ⅳ.①C912.6-0

中国版本图书馆 CIP 数据核字（2018）第 292287 号

责任编辑：乔宇尚 崔文燕 南一荻 / 责任校对：王晓茜
责任印制：李 彤 / 封面设计：润一文化
编辑部电话：010-64033934
E-mail：edu_psy@mail.sciencep.com

科学出版社出版
北京东黄城根北街 16 号
邮政编码：100717
http://www.sciencep.com

北京虎彩文化传播有限公司 印刷
科学出版社发行 各地新华书店经销

*

2019 年 9 月第 一 版 开本：720×1000 B5
2019 年 9 月第一次印刷 印张：13 3/4
字数：247 000

定价：89.00 元

（如有印装质量问题，我社负责调换）

序

从“囚徒困境”（prisoners’ dilemma）的故事中我们认识了社会困境，社会困境反映出的问题是人类会因自作聪明而作茧自缚，个人理性有时会导致集体的非理性。经典的“囚徒困境”被扩展成“重复的囚徒困境”，表明类似的困境会一而再地出现在人们的生活中，并且假如每个参与者都有机会去“惩罚”另一个参与者前一回合的不合作行为，当不同策略的参与者将这一行为重复了很长时间之后，从利己的角度可以判断，最终“贪婪”的策略趋向于减少，可能出现更多“利他”的策略。这个重复的博弈被进化心理学用来说明人类是如何通过自然选择使得一种利他行为的机制从最初自私的机制中进化而来的。

社会困境中的合作问题一直以来都有很多不确定因素，其作为一个开放式的研究范式吸引着很多学者。2006 年，陈欣在南京师范大学读博士期间，也对这个选题感兴趣，并围绕这个选题做了一些研究工作，可以说，早期的研究工作为《社会困境中的合作：信任的力量》的完成奠定了良好的基础。

在“囚徒困境”的策略竞赛中，“以牙还牙”被认为是一种好的策略，参与者以合作的方式出场，然后采取对手在前一回合用过的策略。然而，更好的策略是“宽恕地以牙还牙”，即对手出现了背叛行为，参与者仍然要以最小概率与其合作。这是考虑到偶尔出现的错误信息的传达，当出现错误信息时，“宽恕地以牙还牙”能给参与者一个从背叛中复原的机会，因此是最佳的。从这个最佳策略可以看到，要达成社会困境中的合作，一个重要的条件是“友善”，完全自私的策略是不会存在太长时间的。换一种思路，假如“囚徒困境”中的两个人之间非常信任，如父与子，或者是很亲密的朋友，那么他们是很难出卖彼此的。进化心理学认为，人类的合作是利他行为进化的产物，从长远来看，利他、互惠、友谊、良好的声誉都可以让个体受益，是一种适应性行为。

在建立合作联盟的过程中，互相信任、避免欺骗无疑是重要的因素。可以说，社会困境中的合作将信任作为合作行为的前因变量，对于理解人们合作的心理机制有重要的作用。信任是一种复杂的心理状态，是个体因为预期到将来会出现的积极回报而做出的亲社会行为反应。同时，信任不仅是一种对回报的积极预期，还包含了个体与其他人及整个社会的关系，具有明显的关系取向。

如果你想和一个人交朋友，不要急于相信他，应该先看看他是否可靠，有些人只是贪图利益才与你结交，这样的关系绝不会持续到你有困难的时候。对对手的“信任”，包含了比“友善”更丰富的内涵，人们之所以愿意合作，很多时候是相信对手不会过度地利用和剥削自己，这种信任可能是合作的心理学起源。在很多历史时期，首领或者国王利用“联姻”的方式来建立合作关系，因为在无法监管的情况下，为了确保氏族、部落或王国之间可以顺利合作，只能通过亲缘关系增加信任。在现代社会的社会文化和组织制度的各个层面，人们对信任也有着持续的关注。有人说“信任是社会系统的润滑剂”，也有人说“信任是预测经济成功的指标”。在现代企业制度下，劳动力自由流动程度较高，尤其是一些脑力劳动者，很多都无法被量化和监督，而员工在工作中的投入程度是效率和效益的重要影响因素，因此“信任”也具有社会困境的特点。

信任之所以变得越来越重要，是因为信任与合作有着密不可分的关联。信任与合作、互惠、风险三个概念常常同时出现，合作在很大程度上是建立在个人对群体其他成员期望的基础上的，也就是说相信其他成员也会采取相同的合作行为，信任对方不会利用自己的弱点来攻击自己。合作常常能得到互惠的结果。在信息交流不畅、信息不充分的条件下进行合作决策，互惠具有不确定性，这使得信任总是面临着一定的风险。应该说，人们对未来持续合作关系的期待维持着对他人行为的信任。信任反映了人与人之间关系的某种心理契约，它能降低合作的成本，是合作关系的起点、前提和基础。

陈欣在该书中对社会困境、合作、信任进行了系统的阐述和分析，并且对于与信任、合作相关的一系列因素，如社会价值取向、人际关系、奖惩、声誉等，进行了理论梳理和实证研究，这对于未来的研究而言，有一定的参考价值。在此之前的社会困境研究，大多以期刊论文的形式存在，而该书坚持理论分析与实证研究相结合的思路，对近年来的文献进行了梳理和整合，把握该主题研究的发展脉络，阐述了社会困境的实质和核心，并对社会困境研究的现状进行了分析，在很多问题上提出了自己的见解。对于想要查阅和了解这方面内容的学者而言，该书提供了一个不同的视角来认识社会困境。

社会困境中的合作研究涉及心理学、经济学、概率论、社会学、教育学等多个学科，该书更多的是从心理学的视野来理解社会困境，试图引导人们更好地走出社会困境，运用家庭环境、亲子关系和心理发展阶段的特点来进一步培育信任、促进合作，这对于更好地理解人类社会的行为具有一定的指导作用。

在这个专题的研究上，陈欣一直走走停停，有进步也有停滞，《社会困境中的合作：信任的力量》的出版体现了作者自己的思考和探索，可以看成是一个阶段性成果。作为她的博士生导师，我希望她能在学术之路上坐得住冷板凳，坚守学术理想，积极思考、勤于实践、不断积累，创作不止。

同时，我也相信，随着人们对社会困境的研究越来越具体化，对一些有价值的研究结果的推介可以减少或者避免某些困境的产生，改善人们的社会生活环境，引导人们做出合作行为，营造一个更友善、可信任的社会环境。人与人之间、人与环境之间少一点精致的利己主义，多一些公共意识，共同开创更好的未来。

叶浩生

2019年5月3日于广州

前　言

现在冬日里很多的北方城市，常见的不是蓝天，而是雾霾。人们不停地抱怨，可又无能为力，大面积的空气和水污染问题成为当代人“会呼吸的痛”。草原逐渐沙化，近海海域几乎无鱼可以捕捞，地下水水位连年下降，生态环境的恶化不是突然发生的，在这个逐渐变化的过程中，每个人都可能是让环境变糟糕的推手。

在人类的发展史上，类似的情形并不鲜见，工业化过程中英国伦敦曾被称为“雾都”，美国的匹茨堡曾经下过“黑雨”，这些都是大自然被过度透支的结果。人类消耗的各种资源是对大自然的开发和利用，当使用的限度超过大自然的再生产和净化能力时，人类和大自然会同时沦为受害者。当个体不停地抱怨糟糕的环境，呼喊自己是环境的受害者时，其实自己也是这个结果的推手。对个人而言，这也许是微不足道的，但当人人都如此时，放大到群体范围，就会造成环境的大面积污染，个人也成为污染的受害者。

人与环境的关系如此，很多时候人与群体的关系也会出现同样的困境，如“滥竽充数”的成语故事，当个体都卖力地演奏时，演奏的效果很好，即使有一两个南郭先生不发出声音，也不会被发现；假如故事中的大多数人都不好好演奏，那么演奏的整体效果就会很糟糕，达不到理想的效果，整个乐队会被解散，乐师也会被辞退。个人蒙混不作为导致群体利益受损害，最后个人利益也同样受损害，学术界将这种现象命名为“社会困境”，也称社会两难（social dilemma）。

社会困境具有如下属性。

1）无论社会组织中其他成员是否合作，个体不合作所得的收益要高于其合作的收益。

2）行为决策的结果依赖于他人的行为选择。

3）与合作行为相比，不合作总是对他人利益有害的。

4）组织内成员通力合作要比他们都不合作时每个成员的获益更好。

因此，社会困境是指人们在面对个人利益最大化（不合作）与群体利益最大化（合作）这两个冲突时，一种左右两难的选择困境。对个体而言，保留自己的利益，通过“搭便车”（free-ride）行为享受其他组织成员的贡献比选择合作更有利可图。这种个体的获益受到集体贡献率的制约，因为当集体中的每个成员都选择合作时，集体利益实现最大化，这对个体利益的长远发展有着深远的意义。当集体中的个体都按照各自利益行事时，集体利益受损，个体在集体中的发展也会受限，个人利益也会因此受损。

在经典的“囚徒困境”中，当两个囚徒都觉得认罪是自己的最好选择时，等待他们的却是牢狱的惩罚，而不是无罪释放。也就是说，个人原以为的最好的选择却给所在的群体带来了不好的结果，这个结果更是个人不能够接受的。“理性人”得出一个悲观的结论：不想坐牢的两个囚徒一起坐牢。

在现实生活中，“理性人”很难存在。现实生活中人们表现出的理性非常有限，并且很少有人会以绝对自私的方式行动。因此，社会困境引发学者的兴趣主要基于两个原因：首先，越来越多的社会学者和行为学者认识到引发社会问题的部分原因是群体中个人的利己主义行为，人们希望自己能从选择中获利更多。其次，在社会困境中进行事实上的决策选择时，有些人做出不同于“理性人”假设的非理性决策，他们较少考虑个人利益，更多考虑的是群体利益，表现为一定程度上的利他和互惠。

近年来，人们对社会困境的研究在社会学、心理学和实验经济学等领域相互交叉，在数理博弈的基础上，采用行为实验法和认知神经科学等多元方法，取得了越来越丰富的研究成果。目前关于社会困境的研究，心理学方面以实证研究为主，虽然研究内容较为丰富，但还没有能够形成统一的理论框架和研究结论。

社会困境的实验研究表明，人们面对风险和不确定的决策情景时，并不知道什么是最好的策略，更不知道自己该如何决策。实际上，个体的社会价值取向、对策策略、任务结构、奖惩条件、沟通、年龄、信息反馈方式（群体反馈、个人反馈）和榜样示范作用等都在不同程度上影响着社会困境中的合作。

目前的研究表明，结构性和动机性可以增加人们在公共物品困境中的合作概率。结构性解决方案关注的是社会困境中结构性参数对个人合作的影响，结构性因素包括改变合作的收益矩阵参数和收益分配原则，以及引进奖惩系统等，推测追求个人利益最大化可能是人们不合作的原因。动机性解决方案主要关注个人处于社会困境中的心理状态对合作行为的影响，具体途径包括提升成员之间的信任、增强成员的集体认同感，或者使人们相信他们的贡献对集体的成功至关重要。从动机性因素来看，害怕和贪婪是人们选择不合作的原因。

在对结构性和动机性两类影响因素进行整合的过程中，越来越多的学者认为这两类因素在一定程度上是相互依赖的。结构性因素的调整会诱发动机或心理上的改变，而保证结构性调整的作用效果又必须以个人动机的改变为前提，有代表性的研究是在公共物品困境中引入惩罚制度。在梳理惩罚与合作的关系时，信任的作用崭露头角。

1）探讨惩罚与合作的关系时，惩罚作为一种制裁方式，可以提高合作水平。但是，由于社会困境情境的广泛性和复杂性，惩罚具有较高的成本，操作起来具有一定的难度，惩罚很难成为长期有效的措施。信任作为一种内在的心理过程，在对惩罚与合作的研究中具有重要的作用，研究发现惩罚可能破坏了人们内在的合作动机——人际信任。

2）信任是一种普遍存在的心理过程，人际信任往往能够影响社会困境中的合作，这种影响不仅体现在惩罚与合作的关系中，还体现在其他变量中，如社会价值取向、感恩、人际属性等。信任这个变量在社会困境中的合作研究中起着承上启下的作用，是合作的心理基础。

3）信任博弈成为社会困境的一种研究范式，在信任博弈中，信任的测量通过合作水平的测量得以表现。

4）信任与合作是密切联系但并不相同的两个概念。从心理学和教育学的视角来看，信任作为一种内在合作动机，具有内隐性和很强的可塑性。积极构建和培育人们之间的信任，可以引导人们走出社会困境，营造一个共赢的和谐社会。

本书从心理学的视角出发，对社会困境中的合作的影响因素进行梳理，发现在影响合作的结构性和动机性因素中，信任架起了一座沟通的桥梁。信任作为一种内在心理动机，能对合作的心理机制给予一定的解释。

信任与合作及其他变量之间存在一种理论上的关系，关系结构如图 0-1 所示。

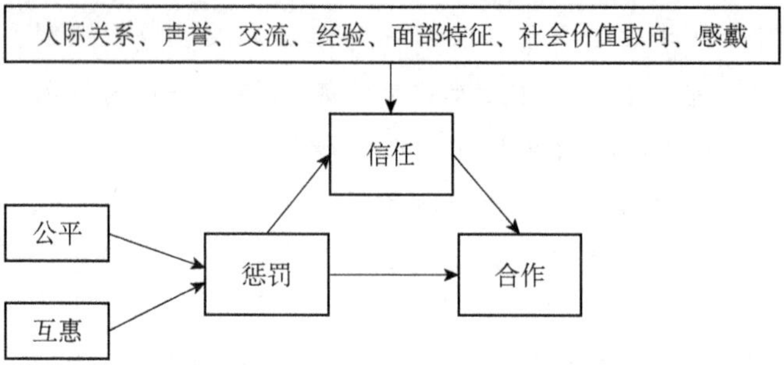

图 0-1　变量之间的关系结构图

本书还对培养信任、促进合作提出了心理学方面的途径和本土化思考，认为无论是身处家庭、学校还是社群组织，只要走出社会困境，人人都能有所作为。在此，我借用诗人雪莱的表达："冬天来了，春天还会远吗？"即使一个人身处寒冷的冬天，只要心中有亮光，就能嗅到春天的气息；即使被困境所阻，只要心中有亮光，头顶的乌云总能被穿透。

目　录

第一章

社会困境的内涵和类型

第一节 社会困境的内涵

社会困境也称为“社会两难”，描述的是一种个人利益和群体利益存在冲突的情景。当群体中所有成员都按照自己的利益行动，而忽略群体的利益时，最终会导致个人利益的最大损失。社会困境的产生要素包括以下三个：①由个人组成的群体；②在他们之间存在的共同利益；③在共同利益和个人利益之间存在的潜在性冲突。社会困境中的参与人之间并非一种“你死我活、非此即彼”的冲突状态（零和博弈），而是存在着一种共同利益（非零和博弈）。参与人之间不是势不两立的敌人，而是存在疑虑和分歧的伙伴，试图通过各种策略的博弈以寻求双赢的结果。

社会困境中的参与人有两种决策行为，一种是合作，另一种是不合作。合作是指参与人为了完成互相依赖的博弈任务，一方愿意顾及对手的感受和收益，达到互惠共赢的结果。与合作相反的概念是不合作，也称为背叛、背信、“搭便车”行为，即参与人在决策时只考虑个人利益的最大化，不顾及他人的利益和感受。

Dawes（1980）认为社会两难具有以下三个特征：①无论其他人做出什么选择，参与人采取不合作的选择总是比合作的选择更有利可图；②与合作的选择相比，不合作的选择对他人总是有损失的；③不合作的选择对他人造成的损失总计大于参与人个人的收益。

合作是指个人与个人、群体与群体之间为达到共同目的相互配合的一种联合行动。社会两难中的合作特指在一般合作定义的基础上，参与人为了完成互相依赖的博弈任务，一方愿意顾及对手的感受和收益，达到互惠共赢的结果。对参与人而言，只有具备共同的目标（至少是短期目标）、统一的认识和共同遵守的社会规范、互相信赖的良好气氛，以及合作赖以生存和发展的物质基础，合作才有可能得以实现。

社会两难问题的研究最早来自博弈理论，自 20 世纪 60 年代起，作为利益冲突条件下最优策略问题的理论，传统的博弈理论被介绍到社会和行为科学中，它认为人是理性的和利己的，在决策时每个人都会追求约束条件下收益的最大化；同时，人的行为又是互相影响的，每个人的得益不仅取决于自己的策略选择，还取决于博弈中其他的参与人，即“知己”与“知彼”是策略选取的起点。

简单地说，博弈论的基本概念包括参与人、行动、策略、信息、支付函数、结果和均衡。参与人是在博弈中选择行动以最大化自我效用的决策主体；行动是参与人的决策变量；策略是参与人选择行动的规则，它告诉参与人在什么时候选择什么行动；信息是参与人在博弈中的知识，特别是关于其他参与人策略或行动的知识；支付函数是参与人从博弈中获得的效用水平，它是所有参与人战略或行动的函数，是每个参与人真正关心的东西；结果是指博弈分析者感兴趣的要素的集合；均衡是所有参与人的最优战略或行动的组合。

最有代表性的社会两难情景是“囚徒困境”，另外，经常讨论的还有以下一些形式的社会两难情景：资源两难、公共物品两难、独裁者博弈、信任博弈、最后通牒博弈、礼品交换博弈、第三者制裁博弈等。

在经济学中，“理性人”是根据在经济社会中从事经济活动的所有人的基本特征的一般性抽象个体，其基本特征是：每一个从事经济活动的人都是利己的。也可以说，每一个从事经济活动的人所采取的经济行为都是力图以自己的最小经济代价去获得自己的最大经济利益。“理性人”也被称为“经济人”。

“理性人”假说认为人在本质上是自私自利的，在信息充分的前提条件下有如下特征。

1）“理性人”具有关于他所处环境的完备知识，而且这些知识即使不是绝对完备的，至少也是相当丰富、相当透彻的。

2）“理性人”有稳定的和条理清楚的偏好。

3）“理性人”有很强的计算能力，能估算出每种选择的后果。

4）“理性人”能使其选中的方案自然达到其偏好尺度上的最高点，即“理性人”总能选择最优。

传统的博弈理论有两个目标：①通过描述和发展博弈实验，从理论上寻找利益的分配方式；②通过博弈分析，发现解决利益合理分配的方法。

博弈论有两类：①合作博弈——研究人们达成合作时如何分配合作得到的收益，即收益分配问题。合作博弈强调的是集体主义、团体理性（collective rationality），是效率、公平、公正。②非合作博弈——研究人们在利益相互影响的局势中如何决策使自己的收益最大，即策略选择问题。非合作博弈是指人们的行为在相互作用时，当事人不能达成一个具有约束力的协议，强调的是个人理性、个人最优决策，其结果可能是有效率的，也可能是没效率的。

早期的纳什均衡（Nash equilibrium）理论揭示了博弈均衡与经济均衡之间的内在关系，是对冯·诺依曼和摩根斯特恩的合作博弈理论的重大发展，奠定了现代非合作博弈理论的基石，后来的博弈研究基本上是沿着这条主线展开的。

所谓纳什均衡是指假设有 *n* 个人参与博弈，给定其他人策略的条件下，每个参与人选择自己的占优策略，从而使个人效用最大化。所有人的个人占优策略构成的一个策略组合就是纳什均衡，也叫“非合作均衡”。因为每一方在选择策略时都没有办法沟通信息，他们只能选择对自己最有利的策略，而不考虑社会福利或任何对手的利益。也就是说，这种策略组合由所有参与人的占优策略组合构成，没有人会主动改变自己的策略以便使自己获得更大利益。所谓帕累托最优（Pareto optimality）是资源分配的一种状态，指在不使任何人情况变坏的情况下，使得至少一个人变得更好，即帕累托最优状态就是不可能再有更多的帕累托改进的余地。它是公平与效率的理想状态。

纳什均衡对“看不见的手”的原理提出挑战。纳什均衡发现该原理的一个悖论，即两个囚徒从个人利己目的出发，其结果是损人不利己，既不利己也不利他。纳什均衡提出的悖论实际上动摇了西方经济学的基石，从纳什均衡中可以悟出一条真理：合作是有利的利己策略，但它必须符合以下黄金律——按照你愿意别人对你的方式来对别人，但只有他们也按同样方式行事才行，也就是中国人说的“己所不欲，勿施于人”，但前提是“人所不欲，勿施于我”。

从经济学的“理性人”假设来看，社会困境是个体理性导致集体非理性的情境。对个人来说，也许个人利益最大化更有吸引力，但是如果所有的人都选择个人利益最大化，其结果是每个人的收益都将低于群体利益最大化时的收益。也就是说，社会两难是这样一种情景：不管其他人怎么做，每个人都按照自己的利益行事，然而每个利己的决策对涉及的其他人都会产生一个消极的结果。

市场经济学谈到资源在市场中的配置时，常常提到市场中好像有一双“看不见的手”，每个人都试图应用自己的资本，来使其产品得到最大的价值。一般来说，他并不企图增进公共福利，也不清楚增进的公共福利有多少，他所追求的仅仅是个人的安乐、个人的利益，但当他这样做的时候，就会有一双“看不见的手”引导他去达到另一个目标，而这个目标绝不是他所追求的东西。他由于追逐个人利益，经常促进社会利益，其效果比他真正想促进社会效益时所得到的效果更好。

社会困境之所以引发人们的兴趣就在于它的特别之处，即无法用“理性人”假设和“看不见的手”来引导人们的决策行为。社会困境中利己的决策不仅无法促进群体利益，最终还会造成损人不利己的结果。当大多数人采取利己的决策时，消极的结果不停地累加，大家将遭受更大的损失。最后，人们意识到在社会两难的困境中，不能只按照自己的利益来做决策。

社会困境给人们造成的困扰在于，人们并不知道什么是最好的策略，对决策过程中为什么要合作、什么时候合作、如何使别人与你合作等问题始终充满了不确定性和疑虑。那么，社会困境中参与人如何做出自己的决策？什么策略是最佳的呢？合作或不合作的决策依据是什么？

第二节 社会困境的类型

一、囚徒困境

社会困境的经典代表是“囚徒困境”，身为犯罪嫌疑人的两个囚徒被分别关押，两人无法进行沟通，律师分别告知囚徒关于认罪的量刑：①若一人认罪，另一人不认罪，那么认罪的一方处以 1 年监禁，抵赖的一方处以 10 年监禁；②若两人都不认罪，那么双方无罪释放；③若两人都认罪，那么双方处以 5 年的监禁。“囚徒困境”的利益矩阵，如表 1-1 所示。

表 1-1 “囚徒困境”的利益矩阵示例

甲/乙	抵赖 C	认罪 D
抵赖 C	0，0	1，10
认罪 D	10，1	5，5

在囚徒困境中，合作是指两个囚徒选择“抵赖”的策略，因为这个决策的结果是顾及双方收益互惠共赢的结果；背信是指两个囚徒选择“认罪”的策略，这个决策的出发点是个人利益的最大化，然而收获的结果却是个人获益、

群体利益受损。

在囚徒困境利益矩阵中，对于两个囚徒来说，抵赖是最好的策略，两人可以被无罪释放，可由于彼此的不信任，最后两个犯罪嫌疑人都变成自愿坐牢的囚徒。因为囚徒彼此之间并不知道对方的想法，而每个人的选择又依赖于对方的选择，所以基于“理性人”假设，最理想的选择是认罪。这时的策略，称为“占优策略”，所有个人占优策略的集合形成了一种占优策略的均衡。

均衡是指博弈论所描绘的一种状态：在相互作用的关系中，每一方都同时达到了约束条件下可能实现的利益最大化的目标，因此这种状态可以长期持续存在。

在囚徒困境中，“甲认罪，乙认罪”是一种占优策略的均衡，无论其他参与人选择什么策略，一个参与人的占优策略都是他的最优策略。无论甲、乙谁认罪，都将得到减轻惩罚的结果。例如，若囚徒乙认罪，那么甲抵赖被判刑 10 年，甲认罪被判刑 5 年，认罪是较好的策略。所以，在囚徒困境中，假如两个囚徒都是只考虑自己利益的“理性人”，那么，无论一方选择认罪或抵赖，对另一方来说，认罪都是占优策略。但是，当两个人都选择自己的占优策略时，即两人都选认罪时，结果是各判刑 5 年，这个认罪选择（5，5）不是最优的解，最优的解是抵赖选择（0，0）。因此，囚徒困境的冲突就在于，当每个人都采取各自的占优策略时，得出的解是稳定的：该博弈的纳什均衡是互相背信，但却不是帕累托最优，即双方都选择合作这种最好的策略。

在数学上，一次性的囚徒困境矩阵没有最优解。如果进行多次博弈，只要参与人知道博弈次数，他们在最后一次肯定采取互相背信的策略。既然如此，采用倒推法，即前面的每一次也就没有合作的必要，因此在次数已知的多次博弈中，参与人将没有一次会选择合作。博弈中的两人在认罪与抵赖策略上首先想到的都是自己，然而这样的选择必然会导致认罪双方的刑期更长。只有当他们都首先替对方着想时，或者相互合谋时，才可以得到最短时间的监禁。所以，两人的个人占优选择都是认罪，原本对双方都有利的策略和结果（抵赖，无罪释放）就不会出现。囚徒的选择有着广泛而深刻的意义，人们用这个矩阵来描述个体理性与群体理性之间的矛盾：每个人在追求个体利益最大化时，群体收益并不是最大化。

囚徒困境包含多次博弈，在第一次博弈时，50%的人选择相互合作，在接下来的 20～30 次的博弈中，选择合作的人数下降到 30%左右。经过一个修复的过程，其后达到比较稳定的水平，60%的人选择合作。这是一个 U 形的曲线，该曲线体现了人们在决策时的“学习”的过程。

Axelrod（1984）以重复的囚徒困境为实验材料，探讨人类合作的起源。他设定两个前提：一是每个人都是利己的；二是没有权威干预个人决策，也就是说，个人可以完全按照自己利益最大化的原则进行决策。他邀请全世界的学术同行来设计计算机策略，并在一个重复囚徒困境竞赛中互相竞争，研究结果表明：“一报还一报”是博弈中较好的合作策略，即第一步选择合作，接下来每一步重复对手前一回合的策略，该策略简单清晰，具有善良性、宽容性、可激怒性和策略性等特点。Axelrod（1984）发现，通过自然选择，一种利他的机制可能从最初纯粹的利己机制进化而来，他通过计算机仿真得出关于合作进化的观点，在博弈策略和社会两难的实验研究领域中产生了巨大反响。

在囚徒困境中，个人的利己主义行为倾向造成了群体的低收益和低效率，与此同时，部分人表现出的一定程度的利他主义又使得群体合作具有可能性。学者对社会两难的这些矛盾之处产生了极大的研究兴趣，试图通过社会两难情境来揭示和解释人类的行为决策。

二、公共物品困境

所谓公共物品困境就是个人如果在一种情景中追求自身利益最大化就会造成对所有人都不利的局面，暗指个人理性和群体理性存在冲突。例如，“公用悲剧”（tragedy of the common）就是典型的情境之一，在公用草场放牧的牧人为了使自己利益的最大化，都尽可能地多饲养牲口，但长期做出这种行为的后果是牲口的总数超出了牧场所能容纳的极限，草场资源会枯竭，所有的牲口都因没有足够的食物而面临被饿死的境地。

公共物品困境和公共资源困境（common resource dilemma）是常见的社会困境形式，在经济学和心理学中常常以“给—游戏”（give-some game）的形式进行情景模拟。在公共物品困境中，人们需要进行捐献，但不要求所有人必须捐献。当捐献达到一定量后便产生一种公共物品，并且所有人都可以免费获取该资源。而公共资源困境中则是以“拿—游戏”（take-some game）的形式予以模拟：群体成员共享某种公共资源，每个人都可以从这种资源中获取利益。然而如果所有人无节制地获取这种资源的话，则资源很快会被消耗殆尽。

公共物品博弈是社会两难情境之一，在这种情境中，n 个参与人自由地给其所属的公共账户进行投资（voluntary contributions mechanism），公共账户的代币（experimental currency unit）增值后平均分配给该组的每个成员。参与人捐献或投资得越多，整个组的收益就越好，个人收益也就越高。但是，很可能出现某些成员不但不捐献或者是少捐献，反而从这种平均分配的机制中获利，以致公共账户丧失投资来源，无法产生收益，个人遭受更大损失。

公共物品中将捐献或投资作为“合作”的指标，不捐献任何东西，并且享受由他人支撑的公共利益的行为被称为“搭便车”行为。在公共物品博弈中，无论其他参与人做出什么决定，“搭便车”行为都是个人收益最大化的决策，因此“搭便车”行为对个人而言是一种占优的策略。但倘若所有人都采用“搭便车”策略，那么，个人占优策略的集合将导致最坏的结果。传统经济学认为公共物品中无法避免“搭便车”行为，若“理性人”都选择“搭便车”策略，即预测一个“理性人”捐献的代币数为零，公共系统将无以为继。

实验经济学发现，公共物品中确实存在“搭便车”行为，只是没有传统经济学理论预测得那么严重。在重复遇到陌生人的实验方案中发现，在公共物品的实验初期，参与人的捐献或投资很明显，达到个人禀赋的一半，随着实验的继续，捐献水平逐渐下降，慢慢地接近传统经济学的预测，逐渐降低为零。

Rockenbach 和 Milinski（2006）用间接互惠（indirect reciprocal）的观点解释捐献衰退的现象，认为公共物品捐献是一个自愿的“我为人人，人人为我”的互惠过程，“搭便车”行为破坏了这种潜在的互惠规则，遵循规则的高捐献者会因此遭受较多的损失，高捐献者因为不满意“搭便车”者，逐渐丧失捐献的意愿，捐献表现出盘旋下降趋势，直至为零。

三、信任博弈

社会学、经济学和心理学研究中经常提及信任和可信赖，但到目前为止，对这两个概念仍没有一个公认的定义。社会心理学把信任理解为个体特质和对情景的反应；社会学把信任看作是社会关系的一个重要维度，使社会信任和制度信任的研究变得异常重要；经济学认为信任是人们有限理性选择的结果。基于此，多学科视野的交融与不断突破将成为信任研究的一个必然趋势。

在社会心理学领域，Boon 和 Holmes（1999）认为信任是在有风险的情况下，对他人的动机抱以一种积极的、自信的期待状态。Cummings 和 Bromiley（1996）提出信任包括三个维度，并在此基础上编制了信任测量量表，提出信任是：①任何一个人或一个群体都努力在行动上遵循明确或不明确的任何承诺；②任何一个人或一个群体都忠诚于协商产生的结果；③任何一个人或一个群体，即使在有机可乘的情况下，也不谋取任何额外利益。

Mayer 等（1995）将信任定义为："一方愿意在另一方面前表现出脆弱，这建立在对另一方期望的基础上，希望即使委托一方没有监督或控制的能力，受托一方也会完成委托一方的任务。"他认为信任包括三个维度：能力、仁爱和诚实，并认为高信任时人们对别人的善意有信心，愿意参加互惠的合作，不害怕将被利用，更容易做出合作的决策。Hall 等（2001）对组织中的信任进行整合，提出信任是一方当事人愿意对另一方表现出脆弱，相信另一方是能胜任的、公开的、关切的和可信赖的。这个概念把信任划分为四个维度，即信任的胜任维度、公开性维度、利害关系维度与可靠性维度。因此，信任是多个维度的结合体，具有整体性，任何一个维度的低水平信任都会抵消其他维度的高水平信任。

由以上这些不同的观点达成的共识是，信任存在于群体中间，反映了人与人之间交往的深度和相互依赖的程度，它是一个多维度的概念，包含了认知的、情感的和行为的三个层面的内容。

国内外有关信任研究的实证方法可以分成两大类：一类是相关因素研究，分析某些变量与信任水平之间的相关大小，采用较多的是调查测量法，编制问卷让研究对象自我报告对他人、群体或制度的信任程度，企业组织中此类的信任相关研究较多；另一类是以博弈论为分析工具，通过一系列的博弈实验对所提出的假设和结论进行实验分析，试图揭示影响信任的因素和内在机制，实验经济学中此类研究较多。

信任博弈最初是由 Berg 等（1995）提出来的，用来比较个人的实际决策与理论预测之间的差异，现在已经成为研究信任的代表性博弈实验。信任博弈的基本内容是：投资者（trustor）拥有一定数额的金钱 S，他要把其中的一部分金钱 Y 给被信任者（trustee），在外力的辅助下，被信任者将得到相当于这部分金钱 3 倍的收益 $3Y$，但是他必须回报给投资人 X，最终投资人的收益为 $S-Y+X$，被信任者得到的收益是 $3Y-X$。没有正式的契约规定投资人应该给被信任者多少金钱（Y），也没有契约规定被信任者应该回报给投资人多少金钱（X）。

传统的经济学认为一个理性人，被信任者的回报将会是零，投资者的分配份额也将是零。因此，一次性的信任博弈无法出现合作，如果博弈进行多次，那么采用逻辑严密的倒推法，在博弈的最后一次被信任者肯定会背信，由此类推，那么在重复博弈的一开始，投资者也会采用不合作的态度。传统博弈理论的预测与实际情形是不符的，实际情况是在重复博弈开始时，投资者和被信任者往往会采取合作的态度，但是这种合作不会持续到最后一步，理性人出于对自身利益或其他因素的考虑，在其中的某一步采取不合作策略。

四、最后通牒博弈

在最后通牒博弈中，两个参与人分配事前给定的一笔钱（如 20 元），一个参与人，即申请人做出一个提议（如自己 15 元，另一个人 5 元），另一个参与人，即接受者可以接受这个提议，也可以拒绝这个提议。假如提议被接受，这笔钱就按照提议分配；假如提议被拒绝，两个参与人都将一无所得。最后通牒博弈实验结果表明，大多数分配者提出的方案都是“四六开”和“五五开”，特别不公平的方案几乎都被拒绝，也就是说，人们是依赖公平观念而不是利益最大化来决定行为的。

Fehr 和 Sohmidt（1999）提出不平等厌恶理论（inequality-aversion），该理论认为人们不仅在意其自身的收益，而且在意他们的相对收益，并且人们厌恶落后的不平等甚于领先的不平等。参与人会自然而然地产生嫉妒感和内疚感：个体既不愿意获得比别人低的分配（此时表现为嫉妒感），也不愿意（程度稍微轻一些）获得比别人高的分配（此时表现为内疚感）。有学者提出过一个类似的观点，在最后通牒博弈中，回应者总会拒绝为零的出价，而拒绝的频率总会随着出价比例的增加和总金额的减少（但保持出价比例不变）而降低，并且回应者从来不会拒绝一个 50%的出价。

互惠理论认为每个人都会善待那些对自己友善的人，而敌视那些伤害过自己的人，双方进行合作是一个“公平均衡”，预期对方会合作的参与人也更愿意进行合作。也就是说，参与人对其他参与人的行为进行判断，然后自身也会以同样的方式来对待对方。最后通牒博弈中，提议者的出价接近等量分配（约为 40%），因为他担心自己的出价会被对方拒绝，当出价为总额的 20%左右时，这些出价有一半被拒绝了。回应者的拒绝行为是对做出不公平行为的提议者的一个惩罚。人们有一种对不公平行为进行惩罚的倾向，人类对公平的关注可能不亚于对自身利益的关注。

公平是指在特定的社会历史时期和特定人群中，人们公认为最佳的，或者说与别的规则相比不得不选择的，用于评价社会中的竞赛规则、交易规则和分配规则等合理与否的价值尺度。从这个意义上讲，公平与合理、公平与平等、公平与公正等虽然属于不同的范畴，但是也有其相近和相似之处。

不平等厌恶理论和互惠理论都表明：公平是行为决策的重要信念。公平是人们对参与人行为或其结果的一个判断，并且这个判断会影响参与人对行为和分配的偏好。什么行为被认为是公平的（程序公平）？行为的结果是否公平（结果公平）？这取决于人们头脑中的公平观念，并且公平观念是一个动态的变化过程。

第二章

合作的前因变量和理论

第一节 合作的前因变量

对于社会困境中的合作，人们好奇的问题是：①人为什么要合作？②人什么时候是合作的，什么时候又是不合作的？③如何使别人与自己合作？有关社会困境中合作的研究已经大量存在于社会心理学、经济学、社会学及政治科学领域。这些研究发现，结构性和动机性方案是两类最有效的解决途径。

结构性解决方案主要关注改变社会困境的参数对个体行为的影响。具体来说，结构性解决方案通常包括：①改变社会困境的收益矩阵；②引入奖惩系统；③缩减团队规模；④改变分配规则。

动机性解决方案关注个人在社会环境感知（如对他人行为的期望、团队认同感、信任和自我效能感）上的改变，以及随后合作动机的变化。这些动机性解决方案包括：①在个体参与任务前引入面对面的沟通；②向个体告知选择不合作行为后的负面结果；③操纵个体对其他团队成员行为的期望。

然而，要对结构性和动机性因素进行绝对的区分是很难的，因为结构性方案的作用效果是通过改变个人的动机和期望来实现的。比如，引入奖惩机制能够有效促进合作，也是因为它可以强化个人的信念，即让人们认识到合作是一个正确的选择。此外，小团体中成员更愿意合作，也是因为在小规模的团体中，个体会认为自己的贡献对实现目标更加关键。

基于结构性因素和动机性因素之间的联系与变化，陈晓萍（2013）提出了一个研究框架，对二者进行了整合，即需要同时研究结构性因素和动机性因素的作用效果。该分析框架可以从结构性调整开始，探讨由此引发的个人动机的改变，并进一步分析这些动机改变的作用效果，包括合作行为和解决问题的有效方案，如图 2-1 中的虚线所示。

与此同时，该分析框架也可以从动机性改变开始，因为有些心理动机对合作行为有重要影响；通过明确关键的动机因素，寻找可能影响这些心理动机的结构性因素，进而找到解决问题的有效途径，如图 2-1 中的实线所示。

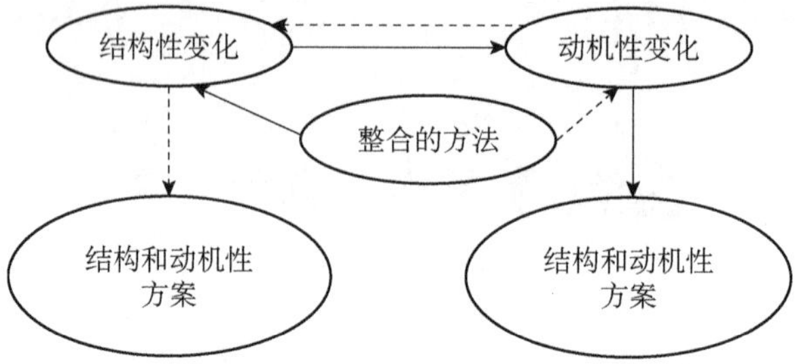

图 2-1　社会困境的整合研究方法（陈晓萍，2013）

一、结构性因素

国外的研究结果表明，以下一些因素可以增加不同类型社会两难中的合作行为：①增进合作的一般因素有利益的结构、个体的社会价值取向（合作型、个人型、利他型、竞争型）、成员之间的沟通和交流、对他人合作的期望、合作信息的反馈方式、榜样示范作用；②*n* 人社会两难中增加合作的因素有对他人特点的感知、以个人还是以群体为博弈的单位。

同时，国内的学者王重鸣（2007）、严进等（2003）采用实验室方法，通过对社会两难对策任务的情景模拟，研究个体因素和任务结构对群体合作行为的影响，结果发现群体成员的社会价值取向（合作型、个人型、利他型、竞争型）影响群体合作，合作型成员会产生更多的群体合作行为，合作者的对策策略也会影响合作，对应策略将导致更多的群体合作行为。

除此之外研究还发现，在动态博弈中，群体中其他成员行为的多个阶段反馈将成为决策者合作机制形成的主要基础，与决策者价值观等内部因素和环境不确定性等外部因素，共同影响合作行为的演变。有研究证实在多人动态对策情景中，集体反馈比个人反馈更能促进被试的合作行为，而群体认同度对合作的影响不显著，提出建立在反馈信息基础上的决策学习使合作行为的动态变化具有策略性和适应性。在连续性公共物品困境和自协调序列规则下，先前决策者的合作行为在决策早期和中期起到了明显的榜样示范作用，并导致后续决策者的合作行为增加，这种示范作用在决策后期不起作用，被试出于“搭便车”或者担心自己利益受损的心理会表现出较高的竞争行为，先行决策者的竞争行为在整个决策过程中会起到明显的示范作用，使后续决策者的合作率保持在较低的水平，在没有任何信息反馈的情况下，被试倾向于在初期就做出投资决策，并表现出一定程度的合作行为。马剑虹和刘满霞（2006）的研究表明，在有限次重复的社会两难博弈实验中，人们的社会两难行为不符合纳什均衡博弈理论，社会两难行为具有“社会理性”的特征，所谓社会理性是指被试在投资过程中使用最多的策略是“被动应付”，甚至还采取影响对手选择的手段来达到自己目的的“引导选择”的策略，这说明决策者不仅在自己有限的认知能力基础上运用认知分析手段和启发式，还充分考虑对手的特点来做出决策，这是建立在“社会预期”和“社会交互作用”基础上的“胜过对方”的决策方案。研究还发现在高奖惩的条件下，人们更容易做出接近纳什均衡点的决策，群体规模和反馈方式对人们的决策行为的影响不显著。

Weber 等（2004）学者对影响社会两难中合作的实证研究进行总结，发现影响合作的因素分为两大类：一类是认同感，另一类是条件因素。认同感包括个人的社会动机、个人经验、性别和人格因素等。条件因素包括任务结构和知觉因素，任务结构包括决策结构（盈利结构、游戏协议、不确定性、反应选项）和社会结构（能力和状态、交流、团体规模、团体动力），如图 2-2 所示。

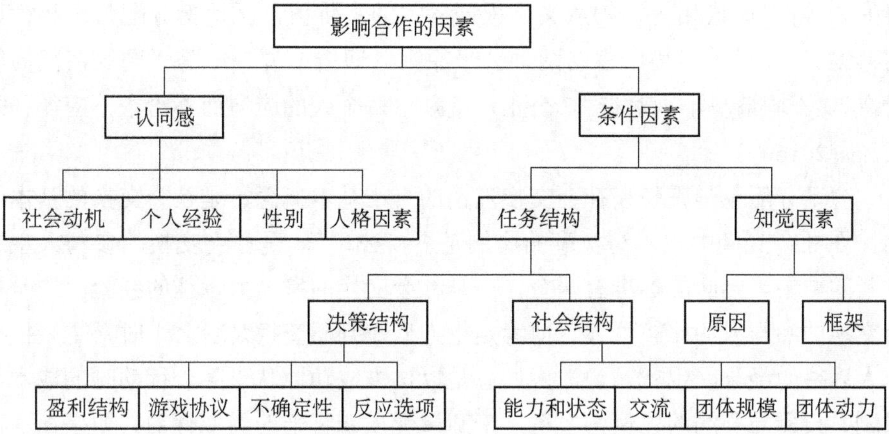

图 2-2　社会两难中决策的因素综述（Weber et al.，2004）

二、动机性因素

（一）公平感

《正义论》的开篇就提出“正义即公平”，公平对待别人，并被别人公平地对待，是人的基本社会需求，也是社会合作得以实现的根本原因。社会合作理念包含三个本质特征：①社会合作是由公众所承认的规则和程序来指导的，从事合作的人则用这些规则和程序来适当地调节他们的行为。②包含了公平的合作条款理念，即每一个参与人都可以理性地接受，而且如果所有其他人都同样地接受了它们，那么每一个参与人则都应该接受。公平的合作条款表明了互惠性和相互性的理念：所有人都按照公众承认的规则要求尽其职责，并依照公众同意的标准所规定的获得利益。③包含每一个参与人的合理利益或善的理念。

西方文化是一种“一视同仁”的公正文化，“公正”的概念很早就被亚里士多德提出来，他认为在每个人的内心都有着公正的德性，即公正是一些德性的总汇。正义不仅是一种内在的道德意识，还必须体现在外在的行为中，表现为对他人关心的“善”。公正不仅在价值上指向正义的善，还要求资源、利益分配上的公平、平等。亚里士多德指出，正义是某些事物的“平等”观念。怎样才算平等呢？ 他继而指出：“所谓平等有两类：一类为数量相等，另一类为比值相等。‘数量相等’的意义是你所得的相同事物在数目和容量上与他人所得的相等；‘比值相等’的意义是根据各人的真价值，按比例分配与之相衡称的事物。”亚里士多德所言的两种公平原则，通俗地说，就是“同等情况同等对待”“不同情况不同对待”。公正，就是给每个人的应得而不给予不应得（刘长江，2016）。

公平分配也是霍曼斯社会交换理论的一个基本概念，是社会交换的基本原则。在社会交换中成本与报酬的比例是否“公平”，是社会交换的参与人主观判断的结果。判断的标准有两个，一是社会交换的参与人以往的经验，二是社会交换的参与人的比较群体。前者是指人们在判断交换是否公平时，主要根据个人以往的经验。也就是说，人们总是以过去成功地从事某一行动时的成本与报酬、投资与利润的比例为尺度，来衡量现在或将来的类似行动。如果在现在或将来的行动中，报酬或利润比过去下降了，行动者就会感到不公平。后者是指人们在判断交换是否公平时，往往把自己的所得同那些与自己类似的人的所得进行比较。人们更多地倾向于同那些与自己联系紧密的、比较相似的人进行比较，而较少同那些与自己比较疏远的、不太相似的人进行比较。人们先与之进行比较的人，就是与之进行直接交换的人。霍曼斯认为，从根本上讲，社会交换应该是公平的，否则社会就会发生混乱。对个体而言，公平具有个体差异性，同样的行为，A 以为公平，B 以为不公平，所以具体的公平是在相互作用过程中经协商逐渐形成的，兼顾各自利益基础上的公平（科林·凯莫斯，2006）。

最后通牒博弈中，根据传统经济学理论，一个理性接受者将接受任何非零的提议，因为跟一无所得相比，其至少更具有吸引力。一个理性分配者将提出分配最少的提议（0.05 给对方，19.95 给自己），因为他知道这个提议会被采纳。这是最后通牒博弈逻辑的、理性的“均衡”。可是实际研究表明，这个预期几乎无法实现。很多接受者宁可牺牲自己的利益也不愿意接受不公平的分配。有趣的是，很多分配者也能预见到这种情感反应，在做出分配时会尽量公平也确保提议能够被接纳。最后通牒博弈中实验模型认为分配额为 40%～50%，通常会被接受。行为博弈的实验研究也一致证实：社会两难中公平对决策具有重要的影响作用。所以说，公平是合作的前提和起点。

（二）互惠

心理学家认为互惠是人类的动机之一，所谓动机是指引起和维持个体的活动，并使活动朝向某一目标的内部心理过程或内部动力。人的各种活动是在动机的指引下，朝向某一目标进行的。行为博弈分析常常用互惠理论解释合作。互惠包含直接互惠和间接互惠，直接互惠是指某人从 A 处得到支持，回报给 A；间接互惠是指某人从 A 处得到支持，却回报给 B。

互惠具有亲社会性，使得人类合作成为可能。有学者提出合作秩序的建立必须依靠一种“强互惠”（strong reciprocity）的行为，所谓“强互惠”行为，就是我和别人合作，如果对方背叛合作，哪怕这种背叛不是针对我，我也要进行惩罚，甚至不惜花费大量个人成本，也被称为“利他惩罚”（altruistic punishment）。在一个自私自利的人群中，人们通过奖励亲社会行为，惩罚反社会行为，从而使得一般性互惠向“强互惠”推进。“强互惠”的概念包含两个层面的内容：①以德报德，以怨报怨，即你对我好，我对你好；你对我不好，我对你不好。②惩恶扬善，强调正义感，即你对他人不好，即使与我无关，我也要惩罚你。

互惠还包含有相互性的关系内涵，即人们不愿意做出牺牲以交换商品，除非为中立方做出牺牲；当其他人不愿意牺牲时，人们也不愿意以牺牲来达到一个公正的结果。生物个体之间之所以不惜降低自己的生存竞争力而帮助另外一个与自己毫无血缘关系的个体，是因为它们期待日后得到回报。不过“施惠”和“回报”存在时间差，导致这种期权式的“投资”具有更大的不确定性和风险。因此，互惠关系必然存在于一种较为长期的合作博弈关系中，而且还要求形成某种“识别机制”，以便抑制个体的“机会主义”倾向。

如前所述，Fehr（2004）的认知神经实验表明，“强互惠”或者利他惩罚的行为是依靠自激励机制实现的，人们可以从这种行为本身获得满足。社会偏好理论中的效用函数应该包含对违反公正和合作规范的惩罚愿望，这样可以比传统经济学的利己模型更好地解释人类的实际行为。“强互惠”或利他惩罚既不是一种像消化食物那样的自动机能，也不是一种基于深思熟虑、有明确目标导向的理性行为。这种自激励机制可以解释为：大多数人在发现那些违反社会规范的行为未得到惩罚时会感到不舒服，而一旦公平得以建立他们就会感到轻松和满意。由此推测，互惠的心理动力机制是追求公平。强互惠或利他惩罚来自追求公平的动机，是一种追求公平的“正义”。在社会交换中，即分配者选择资源接受者时，坚持的标准是：接受者的行为要满足帮助者的公平标准。

社会两难中，如果参与人认为他的对手也会合作，那么他也将最终选择合作。本书也证实，他人合作程度影响个体的合作程度，合作具有互惠性。囚徒困境中，经典的“一报还一报”合作策略正是互惠思想的体现。Rabin（1993）的互惠理论解释了互惠对合作的影响作用，我们可以推断：公平合理、互惠互利的共赢机制是合作的心理基础。

（三）情绪

近年来的研究发现，个体的情绪也会影响其在社会两难困境中的合作决策。容易愤怒的人更倾向于做出不合作的决定，负性情绪也会影响到个体的合作行为决策。此外，一些道德情绪也能够驱动合作。当个体体验到了同情、怜悯、内疚和羞愧等强烈的情绪时，这些情绪反应能够阻止他们的背叛行为。其中，内疚是最主要的驱动合作的道德情绪。

内疚规避理论认为，背叛会产生内疚情绪，人们为了避免内疚而选择合作。人们只有在自己背叛而别人合作的情况下才会体验到内疚情绪，并且如果博弈前双方已达成合作的承诺，单方背叛者的内疚程度会显著增加。对单方背叛者的惩罚可以减轻背叛者自身的内疚感。在内疚情绪唤醒状态下，初中生在两人情境中分配给搭档的代币数显著高于分配给自己的代币数，说明初中生的内疚情绪体验对两人情境中的公平行为有积极影响（丁芳，范李敏，张露，2016）。

在公共物品的实验中，研究者考察了社会资本、自我意识情绪对博弈者合作决策的影响，研究结果表明：①社会资本促进了博弈者的合作决策，即朋友网络中博弈者的“搭便车”指数显著低于陌生网络中的博弈者；②博弈者的积极自我意识情绪（自豪）、消极自我意识情绪（尴尬、低自尊）均与其“搭便车”指数呈显著负相关；③博弈者的积极、消极自我意识情绪对社会资本与“搭便车”行为的关系具有中介效应。

情绪因素也是影响亲社会行为的重要因素。大量研究表明，积极情绪对亲社会行为有促进作用。积极情绪是个体由于内外刺激、事件满足了自己的某种需要而产生的，并伴随着愉悦感受的一种情绪。积极情绪能够促进产生友好的行为，增加人际资源，加强人际关系的联结，从而提高个体应对生活事件的水平，促进个体对社会的适应。

第二节　合作的理论

对社会两难中的决策进行解释时，经典的决策理论是建立在“经济人假设”上的期望效用理论（expected utility theory），所谓“经济人假设”是认为人理性地算计自己在某一市场中行为的长期结果，并试图在交易中获得最大的物质利益。期望效用理论是一个标准化的决策模型，即在满足一定假设的条件下，理性人如何做出行为。但这却并不是一个很好的描述性模型，无法准确预测和反映在具体情境中个体如何做出决策。如果要描述人们的实际行为，还需要考虑其他一些观点，后来的学者将期望效用理论作为靶子，建立和完善自己的理论体系。比较有代表性的还有前景理论（prospect theory）、社会偏好理论、互惠理论、社会认同（social identity）理论、社会交换理论等。

一、期望效用理论

对合作决策进行解释时，经典的理论是建立在“理性人假设”上的期望效用理论，John Von Neumann 和 Oskar Morgenstern 提出的期望效用理论是一个标准化的决策模型，即在满足一定假设的条件下，理性人如何做出行为（Wang et al.，2012）。所谓“理性人”是指追求效用的最大化和自我利益，并且遵循理性行为的原则。期望效用理论模型认为人们对物品的满足存在边际递减规律，边际递减规律为期望效用理论奠定了基础。效用是指决策所获得的结果给决策者带来的主观满意程度。所谓期望效用就是收益与实现收益的可能性（概率）的乘积。期望效用最大化是指人们在结果的实现不确定的情况下，应当选择给他带来最大“期望效用”的策略（庄锦英，2006）。

在囚徒困境中，假如双方合作，那么收益最大，但是理性利己的博弈者最终还是会做出背信的行为，就是基于双方分析对方采取合作和背信策略的可能性，计算自己在合作和背信策略下的期望收益，进行比较，最后采取使自己的期望收益最大化的策略，即背信策略。在期望效用思想的指导下，也有学者认为在一次性选择的社会两难中，参与的双方都不太可能考虑“合作”，而是尽最大可能获取自身的利益，因为在未来任何一方和对方都可能没有利益联系，也就是说，只有决策的双方有足够的机会再次形成利益关系时，合作才有可能产生和维持。

期望效用理论是一个标准化决策理论，从一系列公理出发进行逻辑推理和演算，得到最大期望效用。其理论的核心是“贝叶斯公理”，其运算逻辑是，每一选项的效用值等于该选项的可能结果乘以概率。由此，决策过程被简化成一个期望形成和最大化的过程。这种过程和决策的心理过程完全不同，它不能对人的实际决策过程进行描述。可以说，效用理论不是研究行为决策的描述性理论，无法描述人们实际上是怎么做的。

二、前景理论

在期望效用理论之后，其他学者对该理论进行了扩展，提出了多个变式。Simon 提出人们在做决策时是有限理性的，追求的是“满意”，而不是最优。2002 年的诺贝尔经济学奖颁发给了心理学家 Kahneman，他带给人们一个新的理论——“前景理论”。瑞典皇家科学院称，Kahneman 因为“将来自心理研究领域的综合洞察力应用在了经济学当中，尤其是在不确定情况下的人为判断和决策方面做出了突出贡献”，摘得了 2002 年度诺贝尔经济学奖的桂冠。在此之后，Kahneman 和 Tversky（1979）的前景理论用“价值”代替了“效用”，前景理论就是一个更加准确地描述人们实际决策的模型。效用是从净财富的角度去定义的，而价值则是从收益和损失方面去定义的，而且损失的价值函数（value function）和收益的价值函数不同。前景理论假设，风险决策过程包括编辑和评价两个阶段。在编辑阶段，对信息进行编码、简化、归并等加工处理；评价阶段在编辑的基础上，依据价值函数、权重函数（weighting function）赋予选项不同的效用值，最终选取最大期望效应值做出决策。

前景理论分析框架，在编辑阶段个体凭借框架、参照点（reference point）等采集和处理信息，在评价阶段个体依赖价值函数和主观概率的权重函数对信息予以判断。价值函数是经验型的，它有三个特征：一是大多数人在面临获得时是风险规避的；二是大多数人在面临损失时是风险偏爱的；三是人们对损失比对获得更敏感。因此，人们在面临获得时往往小心翼翼，不愿冒风险；而在面对失去时会很不甘心，容易冒险。人们对损失和获得的敏感程度是不同的，损失时的痛苦感要大大超过获得时的快乐感（陈芮，2007）。

行为经济学家提出一个普遍的原理，指出人们厌恶任何形式的损失，并尽量使这种损失不再发生。在决策时，人们赋予损失的权重要明显大于获得的权重。损失的感觉比获得的感觉更加强烈一些，这种不对称性使得人们有“规避损失”的倾向。规避损失的倾向产生禀赋效应（endowment effect），即人们会高估自己拥有物品的价值。前景理论对不确定情景下的合作产生较大影响，面对不确定性，人们在决策时会显得相对保守，人们会夸大自己做出的合作决策，忽略自己的背信决策，一般情况下，人们都倾向于认同自己是一个合作者，而不是背信者。

三、社会偏好理论

对社会困境中合作的解释，也有学者从人们偏好的角度提出了社会偏好模型。社会偏好是指决策者在面对几个事件或结果时，选择其中某一个事件或结果的倾向性。经典的偏好理论认为人们对一件事物的偏好不以其他事物的存在而改变，偏好是确定的、不变的，即“无关替代品独立性”（independence of irrelevant），说明决策者对所有的选择有着完全的、有序的偏好，认为人们的偏好是稳定的，它不会随着诱导方式的不同而发生变化。现在的偏好理论认为偏好存在关联效应（context effect），一个人在做决策时，往往会受到这个决策之前某个决策的“关联”影响，从而使最终的偏好选择产生偏差，甚至出现选择反转。进一步的研究表明，真实情景中决策者的偏好往往是可变的，决策过程中人们在不断地加工信息，因此偏好是建构的。例如，互惠和不平等厌恶都是一种社会偏好（李艾丽莎，张庆林，2006），可以表现为：互惠偏好、社会福利偏好、差异厌恶偏好等。基于动机的互惠偏好理论模型由 Rabin（1993）提出。Rabin 曾因对行为经济学的基础理论做出开创性贡献而获得 2001 年美国经济学会的克拉克奖章。他根据近年来心理学实验的发现概括出人们普遍表现出的“互惠互损”行为准则，把“公平性”定义为“当别人对你友善时你也对别人友善，当别人对你不友善时你也对别人不友善”，而且将这种概念给予明确的规定，即“如果你在损失自己效用（收入、利益等）情况下去损害别人的效用（收入、利益等），就被定义为你对别人不友善；如果你在损失自己效用（收入、利益等）情况下去增进别人的效用（收入、利益等），就被定义为你对别人友善”。

社会两难的类型、人们对他人的合作期望、性别、情绪等因素都会影响合作行为，这表明合作是一个动态的过程，具有情境性，人们会根据具体情境做出相应的反应，有时候这种反应可能看起来是缺乏理性的，违反了个人利益最大化原则，但是“非理性”的偏好可能满足了一种社会偏好，从长远来看，恰恰反映了人类理性的选择，例如最后通牒博弈中接受者的拒绝行为等。

四、互惠理论

关于社会两难中合作的理论解释，心理学家倾向于认同从人们互惠性的角度提出合作的理论基础，Triver 在 1971 提出“互惠利他”（reciprocal altruism）理论（王春永，2007），Gintis（2000）提出强互惠理论。强互惠理论认为互惠性是人类的行为动机之一。然而也有学者强调个体具有善待那些善待自己的人的动机，反之亦然。在社会两难中，强互惠意味着“合作回报合作、背信回报背信”的强烈动机（科林·凯莫勒，2006）。这种心理动机在社会两难的对策策略中得到了充分的体现，Axelrod（1984）证实最有效的合作策略是“一报还一报”，即第一步合作，然后就模仿对方上一步的选择。

在社会两难中，当对方采取合作的态度时，他们也更愿意合作；当对方表现出背信时，他们也不愿意通过合作来达到一个公正的结果；并且，人们具有先采取合作的态度以达到合作目标的偏好。这表明，人们普遍存在互惠性的偏好，这也可以说明人们对选择合作后得到的长期收益的预期会大于对选择背信后的长期收益的预期。从长期来看，背信不可能比合作获得更多的收益，合作行为能与大多数对策共存，符合人们的社会目标。社会中真正存在着一些“公平人”，他们不同于上述理论中的理性和利己，而是常常表现出互惠、利他、无私和合作的行为。假如在社会两难博弈中，决策者相信其他人会合作，他也会最终选择合作，所以在社会两难中，假如考虑到其他人的行为对结果的影响，社会两难就会变成互惠性质，正所谓“我为人人，人人为我”。

互惠式利他行为可以被定义为“两个或多个个体为了相互利益而发生的合作行为”。合作的同盟不仅会发生在有血缘关系的群体中，在陌生人的活动中也会普遍表现出来。进化心理学试图用互惠式利他主义来解释这种普遍的合作联盟。如果施惠者能够在未来的某个时刻从受惠者那里获得回馈，那么这种生存的适应机制能够得到进化。从进化的角度来看，合作产生的双赢模式为互惠式利他行为的进化创造了条件。

在“重复囚徒困境”的计算机模拟游戏中，胜出的策略“以牙还牙”具有三个特征：①从不先背叛对方——开始时总是选择合作，只要对方合作，就一直合作下去；②在对方选择背叛后进行报复——只要对方开始背叛，那就马上也选择背叛；③宽恕——如果对方改变策略，愿意重新合作，那就进行互惠式的合作，回到良性循环的状态。

从 Axelrod（1984）的研究结果中，人们可以得出几条合作的规则：①增强未来的预期。未来继续交往的可能性越大，那么合作的可能性也越大。②引导互惠行为。合作者因合作而蓬勃发展，因不合作而遭受惩罚。③坚持公平原则。避免贪婪，不奢望自己的获得超过付出。④快速对挑衅做出反应。不能忍受被人利用，做出回击。⑤树立良好的信誉。一个人的声誉是通过他的行为树立起来的，信誉高的合作者能吸引更多的合作者。

互惠式的利他行为在自然界非常普遍。以吸血蝙蝠为例，它们会和没有找到食物的同伴分享自己的食物。社会契约理论认为，人类能够通过交换来建立社会，在于人们进化出能辨识不合作者的能力。这些能力包括：记住与每个人的交换历史；懂得向他人表达自己的需要；能识别他人的需要；用代价和收益来给交换物赋值。

人是社会关系的总和。也有学者关注友谊的功能，合作行为的一种常见形式是友谊。当人们谈论到友谊时，并不是基于纯粹的互惠互利，而是帮助朋友时，会感到由衷的快乐。事实上，人们试图分清酒肉朋友和真心朋友。在现代社会中，很多人常常觉得孤独和无助，原因在于其很少遇到重大事件，无法分辨哪些人才是可以雪中送炭的朋友。

每个人只拥有有限的时间和精力，每个人拥有的友谊的生态位（friendship niches）也是有限的。在数额有限的朋友中，哪些人会成为你的朋友，建立长期的合作关系？有这样一些影响因素：①评估对方的积极外部效度，也就是说有人为你提供了收益，但这些收益并非出自他们的本意，而是他们的存在或行为产生的副产品；②找理解你的人做朋友；③找不可替代的人做朋友；④找喜好相同的人做朋友。

从互惠式利他主义理论出发来理解人类的合作行为，尤其是陌生人之间的互助合作，建立关系，可以更好地理解社会困境中的合作行为，从进化心理学的视角来看，人们有建立合作的可能性，正是基于这种合作的可能性，人们才能在社会困境中保持合作。

五、社会认同理论

对群体内合作的解释，比较有代表性的是社会认同理论。社会认同是“个人认识到他（或她）属于特定的社会群体，同时也认识到作为群体的成员所带来的情感和价值意义”。生活中人们总是争取积极的社会认同，这种社会认同最初表现在群体成员身份的认同上，在心理需要层次理论中，被称为“个人归属的需要”（Simpson，2006）。

人们在群体中的行为总是有规律可循而又时常令人烦恼。人们一旦组成了群体，就开始做出奇怪的事情：模仿群体中其他成员的行为，偏袒自己群体中的成员，寻找一位可以顶礼膜拜并抗击其他群体的领袖。只要去看看 Sherif 做的 Robbers Cave 实验就能够发现，要挑起不同群体间的冲突是多么容易的一件事。但是看看你属于的不同类型的群体，你就会看到他们之间有巨大的差异。有一些群体更像是属于同一作战部队的士兵，他们从小就互相熟识。这种关系持续时间长久、紧密，成员之间相互保护对方。属于这种群体中的人们彻底地改变自己的行为，并在很多方面袒护同胞的行为就显得不足为奇。

社会认同能增加群体内的合作行为主要表现在两个方面：一是普遍存在的归属感需要让人们愿意加入到群体和组织中去，或者是与他人保持接触和联系。并且，个人与他人的交往暗含着一种积极的、潜在的和连续的社会关系，归属需要促使人们愿意投入自己的时间和精力去发展一种连续的社会关系，因此在这种条件下，人们愿意表现出能建立或维持群体内人际关系的服务行为，如合作。二是存在群体内偏好，对群体有归属感的个人会对群体感到满意，这种满意感会增加群体内的信任，表现出群体内收益的最大化和不平等的最小化，更多地促使个人表现出合作行为。也就是说，在社会两难中个人对群体的认同减少了他的贪欲成分（greed component），即试图欺骗和剥削他人的动机；但同时不会影响畏惧成分（fear component），即冒着被骗子剥削的危险的动机，这样群体内成员最终表现出更多的合作行为。

六、社会交换理论

社会交换理论认为，任何人际关系，其本质上都是交换关系。只有这种人与人之间精神和物质的交换过程达到互惠平衡时，人际关系才能和谐，而且只有在互惠平衡的条件下，人际关系才能维持。

社会交换理论认为，一个人对他本身与另一个人的交往或友谊所得到的报酬和所付出的代价是心中有数的。人们并不特别去计算这些报酬和代价，而主要关心的是某个关系的总结果，即总的来看，这种关系是使自己得到的多（报酬多于代价），还是使自己失去的多（代价多于报酬）。

报酬是一个人从社会交往中得到的任何有益的东西。报酬对每个人的意义都是不同的，一件东西对某人是报酬而对另一个人则可能毫无价值。报酬可以分为六类：爱、钱、地位、信息、物、服务。这六类报酬又具有两个特征：特别性和具体性。报酬由谁提供决定着报酬的价值，这就是报酬的特别性。爱的价值与提供的人有很大的关系，因此爱是一个特别性很高的报酬。而比较起来，金钱无论是谁提供的都是有用的，金钱是一种特别性很低的报酬。

当我们说与某一个人的友谊非同寻常时，这就是说这种友谊关系可以给我们提供特别的、别人无法给予的报酬。报酬的第二个方面，即具体性将具体的和抽象的报酬区分开了。具体的报酬是可见的、可闻的和可以摸到的东西，抽象的报酬则是看不见的，但同样可以对人有用，如建议、社会肯定等。代价是社会交往产生的消极后果。某一种社会交往或人际关系可能要付出很大代价，这种代价包括大量时间和精力的付出，或者总是产生矛盾，或者受到其他人的反对，等等。从事某一种社会交往还可能会妨碍我们进行其他报酬更大的活动，这也是一种代价。经济学上把这称为“机会成本”。

为解释人类行为的基本形式，霍曼斯修改和吸收了经济学的基本原理，特别是“经济人”假设，霍曼斯认为，经济学的这一原理必须进行修改，因为：①人们并不总是追求最大利润，他们只是想在交换关系中得到某些利润；②人在交换中并非常常从长远着想或进行理性算计；③交换物不仅仅是金钱，还有赞同、尊重、依从、爱、情感及其他紧缺物质产品；④所有的人类行为都是交换行为，并不是只有在市场中才有交换行为（孙庆民，2009）。

社会交换理论只适合解释小群体内成员面对面的互动，并且大部分人类行为是出于交换的考虑，但并不是所有人类行为都是交换行为，他认为交换具备两个条件：一是某行为的最终目标只有通过与他人互动才能达到；二是该行为必须采取有助于实现这些目标的手段。

社会交换理论三条独特的核心假设：①人们会（经常或一直）理性地行动，争取收益（即价值、效用、报酬或工资等）最大化；②各种物品的价值是可变的，它们全都遵循着满足原则，又称“价值调适原则”，获得越多，自感价值越低；③个体在社会互动中得到的收益取决于个体向其他人提供的利益。为了得到利益，必须有一个交换过程，这个过程本质上是社会性的、流动的。因此，可以把社会理解为一个利益流动的网络。

关于社会关系能够持续下去的原因，科林·凯莫勒（2006）提出了人类行为的六个命题。

1）成功命题。一个人的特定行为越是经常受到奖励，这个人就越可能采取这种行为。如果一个人曾经成功地获得某种报酬或避免某种惩罚，他会倾向于重复这一行为。人们的行为总是倾向于追求报酬或逃避惩罚。在所有能带来报酬的行为中，人们总是选择那个获得报酬频率最高的。

2）刺激命题。如果过去一个特定刺激或一组特定刺激的出现，总是伴随着对某人行为的奖励，那么现在的刺激与过去的刺激越相似，该人越可能采取该行为或相似行为。换言之，一个人在若干种行为中，总是选择那种曾给他带来并有希望再次给他带来报酬的行为。既然现在的刺激与曾经取得成功的刺激相类似，人们就会重复以往的行为，希望再次给他带来相应的报酬。

3）价值命题。某种行动的结果对一个人越有价值，那么他越有可能采取该行动。也就是说，在若干种可供选择的行动中，人们总是选择那种价值更大的行动，而放弃或暂时放弃价值较小的行动。

4）剥夺—满足命题。一个人在近期越是经常得到某一特定报酬，该报酬的追加对这个人就越没有价值。也就是说，经常得到的报酬，对行动者来说会逐渐失去价值。人们总会认为已经得到的奖赏没有多大价值，而要通过新的行动去寻找不同的奖赏。

5）攻击—赞同命题。当一个人的行动没有得到他期望的报酬，或受到了他没有预料到的惩罚时，他将被激怒并可能采取攻击行为，这一行为的结果对他更有价值；当一个人的行动得到了他期望的报酬，特别是比他期望的报酬还多时，或者没有受到意料中的惩罚时，他会感到高兴并可能采取赞同行为，这一行为的结果对他更有价值。

6）理性命题。在选择采取行动时，人们会选择当时他所认识到的行动结果与获得这一结果的概率之乘积较大的那一种行动。也就是说，人们在行动前不仅要计算行动产生的报酬的价值，还要考虑获得这一报酬的可能性。报酬价值大但得到的概率小，会降低人们行动的可能性；反之，报酬价值大且得到的概率也大，则会提高行动的可能性。

上述六个命题是互相联系的一个整体，单个命题只能对人类行为做出部分解释，整个命题系统则可以全面解释社会结构。最具制度性的社会行为与最不具制度性的社会行为，都可以通过一组命题来解释。

第三章

社会困境及合作的研究现状与趋势

第一节　合作的研究现状

自20世纪80年代以来，社会困境问题就一直得到数学家、社会学家、经济学家和心理学家的持续关注。社会困境作为各个学科既交叉又相关联的集中表现，成为学者的关注焦点。心理学家用博弈理论和博弈实验来揭示行为决策的次、优绩效和团队的任务执行等；社会学家通过对囚徒困境问题进行分析，来解释诸如合作进化、国际安全、社会制度、政府计划的资金分配等问题；经济学家通过对社会两难问题的研究，建构人类决策的理论模型来优化资源的配置和解释决策过程。

人类的决策活动是一个复杂的心理过程，通过博弈实验和博弈分析，研究者得出关于人们决策的简洁的模型，通过构建模型描述所观察到的时间过程中的现象，对这个过程进行一个协调的描述，无疑对解释和预测人类行为有重要的意义。Rubinstein（1992）认为，“一个（博弈）模型是我们关于现实的观念的近似，而不是现实的客观描述的近似”。

汪丁丁（2004）指出，在博弈决策领域，关于理论模型的构建已经取得了充分的发展，已经有多位学者在此领域获得了诺贝尔经济学奖：1978年赫伯特·西蒙对于经济组织内的决策程序进行了研究，这一有关决策程序的基本理论被公认为关于公司企业实际决策的独创见解；1994年约翰·福布斯·纳什、约翰·海萨尼、莱因哈德·泽尔腾这三位数学家在非合作博弈的均衡分析理论方面做出了开创性的贡献，对博弈论和经济学产生了重大影响；2002年丹尼尔·卡尼曼因为“把心理学研究和经济学研究结合在一起，特别是与在不确定状况下的决策制定有关的研究”而得奖；2002年弗农·史密斯因为“通过实验室试验进行经济方面的经验性分析，特别是对各种市场机制的研究”而得奖；2005年托马斯·克罗姆比·谢林和罗伯特·约翰·奥曼因为通过博弈论分析促进了对冲突与合作的理解而获奖。其中，丹尼尔·卡尼曼是地道的心理学家，他的研究无疑为心理学研究对其他学科的帮助提供了一个榜样作用，任何人类的活动都离不开对心理活动和心理规律的探讨。

心理学和博弈论的结合，形成了一种新的看问题的方式，被称为“行为博弈论”（behavioral game theory）。所谓“行为博弈论”就是在对参与人的信息和动机详加控制的实验环境中，观察其如何行动和决策。行为博弈实验用来检测传统理性博弈论原则对人们行为预测的精确度。当原则不精确时，实验结果通常能提出替代的规则，它是在实验数据和心理学成果的协助下，对理性博弈理论的一种修正和补充。行为博弈论的目的不是“证伪”博弈论，而是靠建立规则来改进它。可以说，行为博弈论者持有的观点是基于权变的内涵，具有复杂性的决策人，即“人既有利己的动机，也有利他的愿望；既是理性的，也是非理性的”。行为博弈论认为人们根据实际的情境做出行为反应，这个反应过程并不是杂乱无章的，而是遵循着一定的规律，通过系列的博弈实验，可以找到这种规律性和得出一些规律。

社会两难研究常用的实验方法是博弈实验，它具有以下优点：通过一种简单的方式就可以操作自变量，如操作盈利矩阵；允许同时操作其他一些可能影响决策的变量，如其他博弈者的特征；为类似于“合作”“信任”“背信”“竞争”这样的概念下了一个操作性的定义；博弈实验包含了社会经济问题与人际活动的基本要素。

Gremer（2001）通过博弈实验发现，社会两难研究包括以下这些类型：①社会两难假设中包含的人数不同，即 2 人社会两难和 n 人社会两难；②被试类型不同的社会两难，即个人社会两难和群体社会两难；③被试做选择的次数不同的社会两难，即一次选择的社会两难和多次选择的社会两难；④对称性（symmetric）的社会两难和非对称性的社会两难，即所有成员是否有同等接触共同资源的机会；⑤两个选择的社会两难和 n 个选择的社会两难；⑥博弈理论不同的社会两难。

目前已有的研究表明，人们会依据社会两难的具体情景来做出决策。因此，社会两难研究中，人们在什么情形下做出决策，以及如何鼓励人们做出合作行为，无疑是研究的重点。学者试图揭示利己、利他与合作之间的关系，以及合作如何受到情景因素、个人因素和其他一些因素的影响，并且探讨如何提供或保持一个鼓励合作的生存环境，使得人们愿意放弃短期的个人利益，以追求群体和个人的长期利益。

人们遵照社会文化中的各种规范来做出行为决策，那么人们对社会道德规则的学习过程如何？社会两难中提供了关于人们如何学习的一种实验范式，通过重复博弈和提供有限信息条件，比较学习的效果，这对于检验不同的学习理论，无疑具有重要的研究价值。在博弈中，参与人到底是如何思考的？通过一些生理指标，如反应时、脑功能定位等多种现代科学手段，对于决策认知过程的研究必将越来越具体化和精确化，但这仍是深入研究的难点。

社会两难中的合作是决策研究中的一个代表性问题，它体现了博弈思维及人们做出决策和判断的过程，增进了人们之间的相互了解和合作。对于社会两难中如何增加合作行为，学者达成了以下共识：①合作不仅受到情景的影响，而且受到对他人合作期望的影响；②合作是一个社会互动的过程，表现出应对的策略性；③制度的建立和完善可以更多地鼓励人们表现出合作行为。

尽管已有的研究已经取得了很多成果，但合作研究还是存在一定的局限性，体现在以下几个方面。

1）实验方法层面。在前面介绍过的实验方法有很多优点，但是实验使得结果缺乏一定的生活现实性，即外部效度较差。例如，在投资博弈实验中，人们在真实的投资情景中和模拟的实验投资中的行为表现必然存在差异，实验中人们可能更多地表现出社会期许的行为。

为提高行为经济学中信任研究的生态效度，信任博弈的实验研究采用的多是虚拟货币，较少使用真实货币，在实验结束时被试得到的也并非博弈任务的真实所得，这使得被试所表现的经济信任行为与真实情况存在差异。此外，实验结果大多是以大学生为被试得出的，但大学生的平均年龄要比从总体中抽取的被试年龄较小，且没有工作经历，这使得他们并不具有代表性。而且在实验室中，博弈者在信任博弈的过程中缺乏竞争压力，这与现实生活中的交易或者投资情境有所不同。以上皆说明了有关行为经济学中信任的实验研究生态效度较低。

不过，一些学者已经意识到这些问题并进行了有益的探讨。例如，走出实验室对经济信任进行现场研究：他们以孟加拉国某乡村的居民为被试，并且在实验中使用真实货币，发现年龄对投资总量（即对他人的经济信任程度）的影响并没有达到显著水平。因此，未来的研究应进一步提高研究的生态效度，使研究结果更贴近真实情况。

2）理论建构层面。合作研究试图寻找人们行为决策的规律性，重视理论的预测和解释作用，但是对人的研究毕竟不同于对物的研究，过分强调规律性，必然会忽视人的主动性。例如，制裁和合作行为的关系表现出的矛盾性，既符合理性人假设，也符合非理性人假设。模型本身不产生实证的观点。相反，一个好的模型可以使多样的理论模型协调一致，帮助学者理解在解释社会两难行为时哪一个理论更合适，实证研究是证实和完善理论模型的一种研究方法。

社会两难研究的进步可以用理论模型来表达，通过一个简明清晰的模型，表达变量之间归纳、演绎或互动的关系。不同学科热衷于对社会两难问题进行探讨和研究，但是由于这些学科缺乏一套共有的话语系统，如基本概念和定义的不统一，各自的研究结果出现一些含糊和混淆之处，以及出现“各执一词，鸡同鸭讲”的局面，导致不必要的混乱。因此，不同学科视角对已有研究结果和理论观点的整合仍是一条漫长的路。

3）文化内涵层面。不同的部族，基于地理、历史和经济发展水平等原因，存在不同的社会文化形态。跨文化研究表明，行为决策是有显著差异的，决策是受到文化的影响的。例如，集体主义文化和个人主义文化相比较，人们倾向于表现出更多的合作意愿是因为合作更能被认同。集体主义文化常见的表述是“我们”，而较少使用“我”。事实上，社会科学研究总是无法把人从文化情景中剥离出来，社会两难研究不能忽略文化意义，应重视文化对行为的作用。不同的宗教信仰和思想传统对合作的理解，也会有不同的表现。

4）认知过程的揭示层面。在博弈分析中，行为、行为导致的结果或支付等物理性的概念是可观测的变量；通常认为博弈者的策略、知识、信念、信息、偏好、计算与逻辑推理能力等概念是难以直接观察的，只能通过行为体现出来，是潜在的变量。对学者来说，最终目的是得出关于可观察概念的命题。已有的研究重视对合作行为结果的解释，忽略了对决策认知过程的揭示，人们如何进行决策和判断无疑是学者始终要关注的。

第二节 社会困境研究的趋势

一、重视动机性因素的作用

大量的研究证实了信任对经济生活的重要性，因此有学者开始提出一些提高经济信任的策略。例如，有研究表明沟通可以提高人们之间的信任和合作，因为沟通可以建立群体认同且使人们产生责任感，使人们遵守建立的规则标准且相互之间更加信任。因此，加强沟通有助于提升人们之间的经济信任。此外，情绪是影响人际信任的关键因素之一，且研究表明积极情绪增强人际信任，消极情绪则相反。

但是有关情绪特别是积极情绪对经济信任的影响，以及是否能够通过改变个体的情绪状态提升人们的经济信任水平，都是学者的研究鲜有涉及的。鉴于此，未来很有必要在已有研究成果的基础上进一步探讨并提出有效的提升策略，继而有效地提高人们的经济信任水平，促进人们之间的合作。行为经济学中的信任问题是心理学和经济学的交叉议题，对其形成机制、研究范式和影响因素的探讨，不仅有助于延伸和拓展信任研究的领域，增进人们对信任本质和内涵的理解，还有助于指导和调节个体在经济活动中的行为，进一步改善市场交易环境，降低整个社会的交易成本，促进社会经济的繁荣发展。

2001 年，《带有同情心的囚徒困境博弈》一文表明同情心的存在可以在单次囚徒困境中促成合作（Greene，2001）。Bowles（2004）的研究结果表明，在单次囚徒困境条件下，参与人的同情心越强，参与人之间同情的距离越近，合作就越容易实现。作者引进了一个度量心理距离的参数，结果发现这个参数与合作的概率完全成反比。人们的心理距离越小，合作发生的概率就越大。当这个参数收敛到某一个域值或者某一个点的时候，参与人几乎百分之百地合作。在这个点之前有一个区域，两个人之间的关系是一部分合作、一部分不合作。被试都是同一所大学的学生。挑选的标准是，他们之间必须是互相熟悉并共同相处一年以上，只有这样才可以度量他们的同情心。通过博弈实验，人们发现同情心并不是对称的，我同情你的时候，你未必就同等程度地同情我。在这个博弈中出现一种称为“同情者的礼物”的现象：我愿意单方面与你合作，甚至明明知道你会背信我、出卖我，我也毫无怨言地做出“牺牲”，仅仅因为我可怜你、爱你或者崇拜你。

从哲学上追溯，亚当·斯密除《国富论》外，还有一本重要的专著《道德情操论》，在该著作中他反复地探讨一个问题，那就是人类同情心的来源、形式和表现，并以此为基础考察人类秩序的起源和运行。他试图说明：“人类社会的秩序之所以可能，人类之所以能够合作，我们之所以能够组成社会，不仅仅是因为我们利己，还因为我们时时刻刻都有某种设身处地为别人考虑的能力，始终都有换位思考的禀赋，天生的禀赋，也就是我们一般泛泛而谈的同情心。”（亚当·斯密，2008）这个阐述虽然完全基于观察和内省的经验，但是在今天却具有极为有益的启示。他认为社会应该而且完全可能是建构在人类与生俱来的同情的天赋能力之上的。他从同情这个最基本的禀赋当中发现，商业社会得以成立并具有让人放心的性质的根据。亚当·斯密被视为苏格兰启蒙运动的代表性思想家之一，也是因为他从情感机制中找到了离开神的指导，人类能够生存和发展的理由。在他看来，人类凭着同情心就可以产生合作秩序，人与人之间可以通过同情心的互相作用，形成某种具有合宜性的规则和秩序。推而言之，市场经济的道德基础也来自人的天性当中的两层含义，即理性和情感。说到底，秩序或者规则是人们彼此之间的情感互动达到均衡的产物。

可以说，把同情心引进博弈论以后出现的新的观察是有待进一步研究的领域。它说明我们的决策行为，甚至在单次囚徒困境条件下也是无法离开情感因素的。它也说明“情”在今天主流经济学家看来，已经不再像以前西方传统里的“情”一样，是可以和“理”完全分开的。这和中国的文化传统是一致的，在中国人眼里，“情理”两个字从来就是合一的、连在一起的。这种理性与感性相结合的研究取向就是行为博弈论的观点，行为博弈建立在博弈论的基础上，却不依赖过于严格的前提假定，它通过大量实验，对实验对象真实行为结果进行分析，考察行为方式与特征，将有限理性的因素包容于其中。与标准博弈论相对，行为博弈论考虑的是人类非理性因素，研究参与人实际上做出什么行动。

二、探寻合作的进化机制

继 Robert Axelrod（1984）以囚徒困境为实验材料，通过计算机仿真得出关于合作进化的观点后，Bowles 和 Gintis（2004）发表了《强互惠行为的演化：非亲缘人群中的合作》一文，这也是一个计算机仿真实验的报告。仿真的环境是距今 20 万年以前的人类游猎采集社会，仿真条件是严格按照古人类学已经确认的事实设置的。比如，那时人类社会没有权威、没有国家政权，就连酋长都没有；又如，那时人们采取的生产和消费方式是共同劳动和食物分享，而且也不储存食物。这样的条件一共有八个，都是严格按照考古学、人类学、历史学已有的证据设定的。在这样的社会中，人类要共同劳动，共同劳动就需要合作，而合作就会碰到囚徒困境问题。比如，原始人一起出去狩猎，面对一只猛犸象，其他人都冲锋陷阵，有一个人躲在后面，但分享食物的时候他却出现了，这就是“搭便车”。显然，这种行为的生存适应性比冲锋陷阵要高。于是，从进化论角度看，不管这种差别最初多么微小，经过几百万年的进化，适应性高的行为会在一个生物群体中扩散开来，成为主导的行为模式。因此，英国生物学家道金斯说，如果一个人对生物学有所了解的话，就会得出一个必然的结论，所有进化而来的东西都是利己的，包括人在内。这个结论事实上和主流经济学对人性的假设非常一致，这个结论叫作“道金斯迷信”，但是桑塔费学派的经济学家却对这个结论提出了挑战。

根据 Bowles 和 Gintis（2004）的计算机仿真实验报告，一个完全利己的人类族群，由于无法建立稳定的合作秩序，最终会灭亡。那么，合作秩序是怎样建立起来的呢？桑塔费学派认为必须依靠一种所谓的“强互惠”来建立合作。所谓强互惠行为，就是我首先和别人合作，如果对方背信合作，哪怕这种背信不是针对我，我也要对其进行惩罚，甚至不惜花费较大的个人成本。因此在桑塔费学派的术语里，这种行为也被称为“利他惩罚”（altruistic punishment），这是“见义勇为”，是“路见不平，拔刀相助”。事实上，这就是我们人类所特有的“正义感”。

根据计算机仿真实验报告，只有当一个人类族群演化出这种行为后，才能建立起稳定的合作秩序。计算机仿真的动态过程，一共进行了 3000 代模拟，第 0 代是初始状态，假定人都是利己的，“搭便车”所产生的逃避责任的概率，被称为“卸责率”。在这种情况下，卸责率高达 100%，意味着合作秩序根本无法建立。Greene 等（2001）指出从第 300 代开始，由于演化出了强互惠行为，我们看到族群中合作者的比例迅速增加，同时注意到卸责率开始明显下降。这表明族群中的合作秩序已经开始建立。到大约第 500 代左右，族群中利己者、合作者和强互惠者的比例基本稳定在一个水平上，从而达到了演化均衡。这时，利己者的比例占 38.2%，强互惠行为，也就是正义者的比例占 37.2%，而单纯的合作者占 24.6%，平均卸责率为 11.1%。

通过这个计算机仿真实验报告，人们得出关于合作进化论的观点，对解释合作的来源有着积极的作用，应该说对于合作动力机制，仍是一个有待进一步研究的领域。

三、深入认知神经科学的研究

Greene 等（2001）发表了《情感参与道德社会两难判断的 fMRI 研究》一文，对哲学家争论了很久的问题，即“道德判断是理性的还是非理性的”给出了一种对社会问题进行实证研究的思路，开启了用认知神经科学的方法来研究社会问题的大门。

Dominique 等（2004）的《利他惩罚的神经基础》，也是一篇关于脑科学的实验报告。它要解决的问题是，如果强互惠行为或利他惩罚在人类合作秩序的建立过程中具有这么重要的作用，那么驱动这种行为的机制是什么？因为这种行为不同于利己行为，它无法给人带来利益上的激励。如果一种行为没有激励，那么它的动机是什么？文章一开始提出了一个假设：如果强互惠行为或利他惩罚无法从外界获得直接激励，那么只有一种可能，就是行为者能够通过这种行为本身获得满足。也就是说，这种行为是依靠自激励机制实现的。

事实上，人和动物的许多行为都是依靠自激励机制实现的。脑科学已经证实，对高等动物来说，启动这类行为的机制是由中脑系统的尾核和壳核来执行的。比如，人类和许多动物的成瘾性行为如烟瘾、毒瘾和酒瘾等，都涉及这一脑区。因此，这一脑区在医学上也称为“鸦片报偿区”。Fher 等（2003）推测，如果强互惠行为依赖这种自激励机制，那么做出这种行为时，人脑的这个部位就会被激活，而且行为的强弱应该与其活跃程度呈正相关。于是，他们设计了一系列实验场景来激发人们的利他惩罚行为，并通过正电子发射 X 射线断层扫描技术（positron emission tomography，PET）对脑神经系统进行观察。人们产生正义冲动的时候，尾核和壳核被激活，这证实在生理上获得了满足感。

实验结果显示，在预期的五个场合，与激励相关的脑区均被激活。尾核和壳核的血流峰值显示，其活跃程度远远超过平均水平，这时受试者表现出强烈的惩罚愿望并通过惩罚行为获得较高的满足，验证了原假设。实验报告认为，社会偏好理论中的效用函数应该包含对违反公正和合作规范的惩罚愿望，这样可以比传统的利己模型更好地解释人类的实际行为。

强互惠或利他惩罚既不是一种像消化食物那样的自动机能，也不是一种基于深思熟虑、有明确目标导向的理性行为。这种依靠愿望诱导的激励机制说明，人们可以从这种行为本身获得满足。大多数人在发现那些违反社会规范的行为未得到惩罚时会感到不舒服，而一旦公正得以建立他们就会感到轻松和满意。

通过成像技术来观测大脑的认知神经科学研究正吸引着越来越多来自不同背景的学者进入这个领域，从大脑机制的角度研究人们心理认知过程的本质，使得人们有可能从一个新的角度对那些传统的、有关人们认知心理活动的重要课题进行深入的探讨。一个新的交叉学科——社会认知神经科学引起了人们的关注，强调从三个分析层面的交互作用上去理解心理现象：①社会层面，即影响个体行为与经验的动机与社会的因素；②认知层面，即导致社会层面现象的信息加工机制；③脑神经层面，即认知过程的脑机制。

第四章

信任的概念、操作和影响因素

第一节　信任的概念

信任在中文语境里有“相信而敢于托付”之意。就某一市场交换过程的合作境况而言，经济学家通常在收益与风险的博弈中，将信任看作是人类理性选择的结果。从社会学视角可以对信任做如下定义：信任指合作双方在不确定信息的情况下都相信对方未来可能的行动能够达到预期的结果。这种对合作伙伴的信心，建立在彼此的互动经历、隐性的共享利益、共同的价值信念、制度管控及彼此忠诚可靠并期待长期合作的基础上。

心理学从认知、情感、个人经历及人格特征等因素出发，将信任视作一种与期待、预期和信念相关的人类心理状态。社会学在社会制度、群体结构及文化规范等层面，将信任喻为一种与合作、竞争行动相关联的人类社会关系现象。政治学及组织管理学则更多用参与、控制、法律及第三方保障、决策等话语去建构信任的含义。

上述不同学科视角下的信任含义虽然各有侧重，但归纳起来有某些基本的共识。信任被认为是一种发生在人际关系中个体与个体、群际中家庭、共同体和组织或人际与非人际关系中的依赖关系，表现为信托人在自愿或被强制地放弃对受托人控制的前提下愿意信赖并托付受托人的行动。信任是信托人对受托人的信赖和托付，是在不确定的、复杂的及具有风险的条件下发生的。信任是指向未来的“他人可能发生的行动”。信任是人们预期的结果。

人类社会的特殊性在于信任贯穿于所有的人际互动。信任本身是一种悖论现象，同时包含了崇高的抱负与深切的恐惧（Simpson，2007）。一方面，作为一种重要的社会信号机制，信任是建立良好社会关系的基石，它能够降低社会交易成本，简化合作行为，促进社会经济的繁荣发展。消费者相信其所购买的商品具有卖家所承诺的功能；管理者相信其所雇用的新员工是值得信赖的；投资者则相信其合作伙伴会诚实地报告或规划相关合作计划。另一方面，信任也牵涉风险和不确定性，互动双方在缺乏相关声誉信息的情况下，个体无法确定他人是否会回报自己的信任，他人可能选择背叛信任，进而有损信任者的利益；这种信任违背经历能够增加个体的背叛厌恶，妨碍其对未来社会互动情境的评估与信任行为的执行，最终抑制或削弱合作行为的产生（Baumgartner et al.，2011；King-Casas et al.，2008）。事实上，信任的悖论性也使得信任他人与否成为一种常见的行为选择，直接影响着个体的社会生活。考虑到信任对发展和维持良好社会关系，以及促进社会经济繁荣所起的重要作用，国内外学者已经从多个领域探讨了人类信任的发生机制，如心理学（张宁等，2011；Simpson，2007）、行为经济学（陈欣，叶浩生，2009；Johnson，Mislin，2011）、组织行为学（Rousseau et al.，1998）和神经科学（Tzieropoulos，2013）。

社会学、经济学和心理学研究中经常提及信任和可信赖，但到目前为止这两个概念仍没有一个公认的定义。在社会心理学领域，Boon 和 Holmes（1999）认为信任是在有风险的情况下，对他人的动机抱以一种积极的、自信的期待状态。Cummings 和 Bromiley（1996）提出信任包括三个维度，并在此基础上编制了信任测量量表，提出信任是任何一个人或一个群体具有以下特点：①都努力在行动上遵循明确或不明确的任何承诺；②都忠诚于协商产生的结果；③即使在有机可乘的情况下，也不谋取任何额外利益。

Sheppard（1998）提出信任的基础有以下三类：①以防范为基础的信任，即彼此互相欺骗将比互相信任的损失更大，合作关系被破坏后的潜在成本超过了以非信任方式所获得的短期利益时，防范就产生了；②以了解为基础的信任，即个人能预测合伙人的行为，并因此能够防范他们欺骗，这意味着针对合伙人行为制订计划、进行投资或者其他非确定性决策是可能的；③以认同为基础的信任，合伙人接受个人的偏好，同一群体的人比那些非本群体的成员更趋向于以更值得信任的方式行动，这也体现在群体认同的内群体效应上。

第二节　信任的操作性定义

一、标准信任博弈

在经济决策领域中，信任行为往往牵涉对潜在收益的考虑（即个体是否能从信任他人中获益），以及对潜在收益得失发生可能性的评估。换言之，信任者必须预测他人是否值得信任。因此，信任被定义为“一种个体基于对他人行为或意图的积极预期，自愿将自己置于弱势地位的心理状态”（Rousseau et al.，1998）。虽然学者对信任的定义存在很多差异，但其核心要素仍然是积极预期与弱势地位：①信任本身包含着风险与不确定性，伴随遭受损失与后悔的可能性。如果不存在这种弱势性质，那么信任就转变为一种不考虑结果的信心或信念。②缺乏积极预期的信任也是无法存在的。正是积极的互惠预期使得个体选择信任并愿意承担风险，相反，脱离积极预期的信任则是纯粹的自我毁灭。

经济决策研究大多采用反映现实情境核心特征的博弈任务来描述与测量个体的社会行为，其中信任博弈是评估信任行为时最常用的博弈范式（Krueger et al.，2008a）。实验博弈任务能够为信任潜在的心理状态提供一种外部可量化的度量。信任博弈包括标准信任博弈和简化信任博弈两种。除了度量尺度差异（量化与质化）外，两种任务中信任者的选择均符合信任的理论定义，即为了获得潜在收益而决定是否将自己置于受他人剥削的弱势地位（Riedl，Javor，2012；Rousseau et al.，1998）。

标准信任博弈往往由两名匿名参与人共同完成，双方分别拥有一定数额的金钱 S，要求一名参与人（信任者）把部分金钱 Y（$0 \leqslant Y \leqslant S$）交给另一名参与人（受托者），然后受托者获得 $3Y$ 的金钱，并决定返还给信任者 X（$0 \leqslant X \leqslant 3Y$）的金钱，最终信任者收益为 $S-Y+X$，受托者收益为 $S+3Y-X$。

简化信任博弈则是标准信任博弈的一种缩减形式，其中两名匿名参与人分别拥有一定数额的金钱（如 10 元），要求第一名参与人（信任者）选择是否将 10 元钱全部交给另一名参与人（受托者）：如果信任者选择不将 10 元交给对方（不信任对方），则游戏结束且双方均获得 10 元；如果信任者选择将 10 元交给对方（信任对方），则受托者获得 30 元并决定如何分配所有金钱。受托者具有互惠与背叛两个备选项：选择互惠则双方均获得 20 元；选择背叛则受托者获得 40 元，信任者获得 0 元（图 4-1）。

Camerer 的研究表明，被信任者回报的金钱 X 随着投资 Y 的增加而增加，平均来看，$Y=0.5S$，并且对投资者的回报略低于 $0.5S$。研究没有解释投资者和回报者做出相应的行为是不是基于互惠的原因。关于信任博弈，多数实验得出的结论是：参与人大约会将个人禀赋中一半的代币投资给接受者，而参与人得到的回报也大致相当于他们给出的代币。

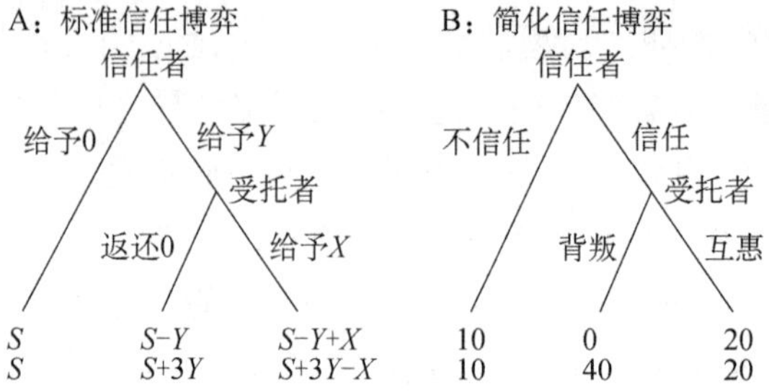

图 4-1 信任博弈关系图（张蔚等，2016）

二、议价博弈

议价博弈（bargain game）可以被视为信任博弈的一种变式（图 4-2）。基本内容是：参与者 1 选择 right 或 under。假如参与者 1 选择 right，两个参与者都能得到 20 个筹码，博弈结束。然而，假如参与者 1 选择 under，就轮到参与者 2 决定是选择 right 还是 under，假如参与者 2 选择 right，他能得到 50 个筹码，参与者 1 能得到 5 个筹码。假如参与者 2 选择 under，两人都能得到 30 个筹码。

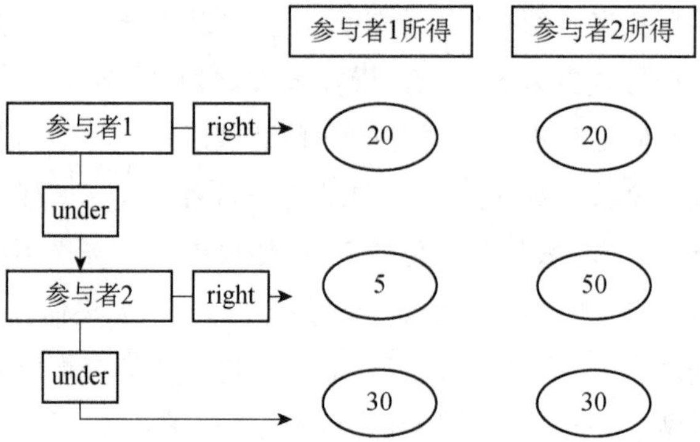

图 4-2 议价博弈的基本结构

议价博弈的实证研究结果表明：①一轮博弈中，第一次决策时多数参与人表现为信任和互惠；②一轮博弈包含多次决策时，随着博弈次数的增加，信任和互惠水平迅速降低；③一轮博弈中，这一次的选择结果明显影响下一次决策时参与人的选择；④新一轮博弈的开始，参与人重新表现出较高水平的信任和互惠。

三、蜈蚣博弈

在多阶段博弈和重复博弈中，为了建立良好的声誉而能使信任决策得到维持。蜈蚣博弈（centipede game）是一个多阶段的信任博弈的代表，它的基本内容是两个博弈方 A、B 轮流进行策略选择，可供选择的策略有“合作”和“不合作”。规则是：A、B 两次决策为一组，第一次 A 决策结束，A 和 B 都得到 n，第二次 B 决策结束，A 得到 $n-1$，而 B 得到 $n+1$；下一轮 A 和 B 都从 $n+1$ 开始。假定 A 先选，然后是 B，接着是 A，如此交替进行。A 和 B 之间的博弈次数为有限次，如 100 次。这个博弈的扩展形式很像一条蜈蚣，因此被称为“蜈蚣博弈”，如图 4-3 所示。

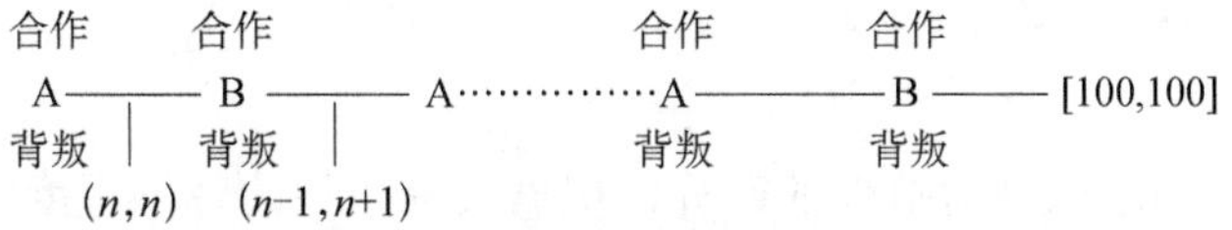

图 4-3　蜈蚣博弈

蜈蚣博弈有两个特点：①对两个参与人而言，合作至少得持续两个阶段，两人都能从结构矩阵中获利更多；②如果一个参与人继续，而另一个参与人在接下来的阶段立刻结束合作，那么继续合作的参与人将损失更多，而结束合作的参与人获利更多。因此，在蜈蚣博弈的每个阶段都有一个关于背信（结束）大于合作（继续）的激励，从此面临着更小盈利的风险。

信任博弈中没有正式的契约规定投资人应该给被信任者多少金钱（Y），也没有契约规定被信任者应该回报给投资人多少金钱（X）。因此，所谓“信任”是指个体愿意相信对方会与之在某种风险活动中互惠（对方也要付出一定的成本）。Y 反映了投资者信任的程度，X 反映了对方可信赖的程度。信任具有以下三个特点：①信任具有风险性，投资者会因为没有得到足够的回报，而对自己的委托行为感到后悔或是生气；②信任具有互惠性，是互动关系，一方相信另一方也遵从互惠性；③信任具有合作性，对未来合作关系的期望维系着信任。

与投资人独占他所拥有的大部分钱或被信任者独占他所获得的收益相比，如果双方都合作的话，他们能从这一交换中获得更多的收益。然而，只有玩游戏的双方能够从重复的公平分配中建立起对对方一定程度的信任之后，他们才会采取合作策略。“信任游戏”也因此成为社会心理学、行为经济学研究信任关系发展机制的经典范式之一。在“信任游戏”研究中，学者主要通过操纵委托人愿意给受托人多少收益及其信任行为可以给受托人带来收益的多少、委托人愿意冒风险的程度，以及其采取信任行为的风险大小来考察这一游戏对参与其中的双方建立和发展信任关系的影响。

第三节 信任的影响因素

一、人际关系

有学者认为，以往对信任的研究，根据人际交往的熟悉程度，将对手分为两类：熟人和陌生人。有人甚至将人际信任定义为“一种合作行为的心理期待”。但有些人则认为，当两个群体相互合作时，则可能对彼此产生可信的信念；相反，如果两个群体相互竞争时，则可能对对方产生不可信的信念。Camerer（1997）也曾提出假设：两个群体合作时，内群体成员对外群体成员的信任增加；而竞争时，则对其信任减少。也就是说，合作行为不单是信任的结果，双方的合作也可能是信任建立的基础。

关于情绪对信任的影响，研究也表明当个体与受信任者非常熟悉时，情绪不会影响信任，而目前的研究大多是针对陌生人之间的初始信任，很少同时对陌生与熟悉进行对比研究。陌生人之间的合作和竞争能引起内群体偏好效应。而人们通常对内群体成员的可信度持有积极的认知，相反，当人们并不属于一个特定群体时，他们通常认为那个群体的成员比他们自己的群体成员更不可信。个体对内群体成员有更高的信任，可能仅仅是因为群体身份的共享。根据Hui 和 Triandis 提出的个体主义—集体主义文化的分类理论，中国文化属于集体主义文化，更强调人的群体性，人们倾向于划分熟人和外人群体，因此更容易把自己归属于熟人群体中（乐国安，韩振华，2009）。那么将陌生和熟悉作为人际熟悉度的两个水平考虑时，合作和竞争对信任又有怎样的影响？

范红霞等（2016）基于信任博弈范式，通过创设合作、竞争两种任务情境，考察在不同任务情境下，个体对熟人、陌生人的信任水平是否存在差异。研究采用人际熟悉度（熟悉/陌生）×任务情境（合作情境/竞争情境）的二因素被试间实验设计。结果表明，个体在四种条件下的信任水平为：熟人合作＞熟人竞争＞陌生人合作＞陌生人竞争。人际熟悉度与任务情境的交互作用显著，简单效应检验表明，在合作情境下，熟人群体的信任水平高于陌生人群体，并且差异显著；而在竞争情境中，熟人群体和陌生人群体之间没有显著性差异。这说明人际熟悉度对信任水平的影响存在情境效应。

该研究发现，在合作情境中，熟人群体的信任水平高于陌生人群体的信任水平；在竞争情境中，两者却无显著性差异。这是由于陌生人社会的人际信任是基于契约、人的理性而建立的，短时间内的简单合作可能并不能够显著提高彼此的信任水平，同样竞争也不足以降低彼此的信任水平。只有广泛合作和相互作用，才能促使群体之间的相互认可朝积极的方向发展。而在熟人之间的合作与竞争是一种基于情感的感性行为，熟人社会的信任是根据人们之间的血缘和地缘关系展开的，在本质上是一种情感型信任。合作使得熟人群体更加亲密，而竞争则很大程度上改变了原来建立起来的人际关系，使得彼此的信任降低，甚至使得双方敌对。

加强行为经济学中信任的跨文化研究在构建和影响信任过程中具有重要意义，不同文化对经济信任的产生及信任水平的影响也是不同的，所以未来的研究有必要加强对经济信任的跨文化研究。对信任博弈的元分析发现来自非洲的被试比来自北美的被试在信任博弈中投资更少，即北美人的经济信任水平要高于非洲人。而且，基于中国社会的信任研究发现，中国人的人际信任更多地基于关系，即中国人普遍相信与自己关系亲密的人，对陌生人则倾向于不信任。此外，有学者以马塞族为例研究文化框架在信任博弈中的作用。马塞族用 osotua 一词指代以责任、需求、尊敬和限制为基础的馈赠（gift-giving）关系。实验结果发现，受到 osotua 修辞框架影响的博弈者的投资水平及返还水平都较低。综上可知，在开展对经济信任的研究时需注意文化对其的影响，并且丰富的跨文化研究资料能使我们更好地理解行为经济学中的信任这一主题。

社会困境中的信任受到诸多因素的影响，基于互惠理论和亲缘理论，个人是否打算信任他人时，对“他人”的身份感知是影响信任与否的重要线索，不同的人际关系，信任水平有较大差异。

学者针对陌生人之间的初始信任探讨得比较多，很少对陌生与熟悉同时进行对比研究。陌生人之间的合作和竞争能引起内群体偏好效应。而人们通常对内群体成员的可信度持有积极的认知，个体对内群体成员有更高的信任，可能仅仅是因为群体身份的共享。当人们并不属于一个特定群体时，他们通常认为那个群体的成员比他们自己群体的成员更不可信。中国文化强调人的群体性，倾向于划分自己人和外人群体。参与人的人际属性常常会影响个人的情绪和选择，有研究表明，社会距离可以描述社会关系的亲疏程度，不同关系对象的社会距离是不同的，大部分被试将家人，尤其是父母视为与自己社会距离最近的人，而将陌生人视为与自己社会距离最远的人，朋友介于二者之间。

池丽萍（2013）的研究发现，以小学三年级到六年级儿童为被试，在社会困境实验范式中，当被信任者的人际关系属性分别为陌生人、外班同学、同班同学和好朋友时，多数被试对陌生人、外班同学持不信任态度，而对好朋友和同班同学持信任态度。在以大学生为被试的议价博弈研究中，对陌生人持信任态度的比例也较低，仅有22%的瑞典大学生选择信任对方。社会距离可以描述人际关系的亲疏程度，关系密切的个人间的社会距离较近，关系疏远的个人间的社会距离较远。

在社会折扣研究中通过变换关系对象对社会距离进行操纵，研究中大部分被试都将家人，尤其是父母视为与自己社会距离最近的人，而将陌生人视为与自己社会距离最远的人。母亲、朋友、刚认识的人与陌生人是处于不同社会距离下的关系对象。

二、声誉

我们生活在社会环境中，会形成对他人的印象和评价，这种印象和评价成为我们声誉的来源。这决定了别人对我们是以礼相待，还是敬而远之。一个人的声誉是由他的行为树立起来的，同样影响信任博弈中人们的经济信任水平。人们获得他人声誉的方式有多种，如直接观察和传闻等。声誉及与之有关的线索均会改变人们在信任博弈中的行为。例如，学者在研究直接观察对经济信任的影响时发现，直接观察能够提高人们的经济信任水平。

实验中博弈者观察的内容是有关对方过去行为的信息（即对方的声誉）。结果表明，当受托人知道自己的行为将在下一轮博弈中被观察时，他们更有可能表现出值得信赖的行为。至于投资者，如果他们可以在下一轮博弈中观察受托人的行为且与一个声誉较好的受托人搭档，则更倾向于表现出信任行为。当被试知道对方的声誉情况时，倾向于信任那些声誉水平较高的人。然而，在重复信任博弈中人们信任水平的提高并非受声誉的影响，而可能是被试“处于被评价”这一因素导致经济信任水平的提高。实验中博弈者可以评价对方的行为且知道对方过去的评级。结果表明，即使在声誉投资动机被排除的情况下，“处于被评价”这个因素也能够增强博弈者的信任水平。这并没有否定声誉对经济信任的影响，只是说明声誉并非影响经济信任的全部原因。

三、交流

在信任博弈中，允许被试间进行交流能够显著地提高经济信任及可信赖水平。其中，交流不仅包括面对面的言语交流，还包括数字或者文本形式的信息交流。Binzel 等（2013）的实验包含三种实验处理：①类似于经典信任博弈，即被试之间匿名且无交流；②被试之间允许以数字形式的信息进行交流；③被试之间除了可以以数字形式的信息进行交流之外，还有一分钟的言语交流。结果发现，第二种和第三种实验处理均显著地提高了被试的信任及可信赖水平，且第三种实验处理的效果尤为稳健，这表明交流能够提高经济信任水平。而且，其他学者的实验研究也得出了同样的结论。这些学者进一步用内容分析的方法研究了何种交流形式有助于提高人们的经济信任水平。结果发现，如果在交流中被试表明愿意平分所有资金会更有利于提高人们对其经济水平的信任。

然而对此，也有人通过实验研究得出不同的结论。实验结果表明，允许投资者观察受托人之前的决策行为能从实质上提高被试的信任水平，但是闲谈对于提高信任水平的作用很小甚至不产生作用。综上可知，学者关于交流对经济信任水平的影响尚未得出一致的结论。事实上，交流对经济信任水平的影响取决于交流的形式。一方面，如果允许被试面对面地交流，且对交流内容没有限制，那么信任水平会有实质性的提高。另一方面，如果交流只局限在单一数字或字母的形式内，那么它对信任和合作的影响就会非常有限。上述两个学者得出不同结论的原因可能就在于交流形式的不同。因此，未来的研究应进一步探讨何种形式的交流更有助于提高经济信任水平。

四、经验

人们每天或多或少地都在做着一些决策，而且会受到这些决策结果的影响。同时，人们在这个过程中所积累的经验也会影响随后的决策。当然在信任博弈中也不例外，人们参与信任博弈的经验，以及在博弈过程中所获得的经验均会影响他们的经济信任水平。有人将重复信任博弈分为有时间限制的信任博弈（trust game with definite time）和无时间限制的信任博弈（trust game with indefinite time），实验结果发现在被试没有经验时，有无时间限制对其信任水平无显著影响。

然而，当被试获得经验以后，有时间限制的信任博弈范式中被试的信任水平有所下降，而无时间限制的信任博弈范式中却没有出现此现象。这说明经验和时间有限性可能共同影响了经济信任水平。此外，有学者探讨了在重复信任博弈中初始信任（initial-trust）与基于经验的信任（exeprience-based trust）对经济信任的影响。其中，初始信任是指博弈双方在没有任何信息参考下的初次互动中表现出的信任水平，基于经验的信任则是在重复博弈过程中博弈双方从多次互动中获得的经验和信息的基础上形成的（马剑虹，徐美玲，2011）。实验表明，初始信任和基于经验的信任共同影响博弈者的经济信任水平。也就是说，博弈者对对方的信任以初始判断为基准，然后以多轮互动中获得的经验为基础不断地更新信任水平。与此一致，马剑虹和徐美玲（2011）的实验研究进一步发现，初始信任对基于经验的信任的建立具有一定的积极影响，但是它对合作行为的作用远不如基于经验的信任。事实上，影响合作的行为主要是基于经验的信任，初始信任的作用可以忽略不计。

马剑虹和徐美玲的研究设计了“信任—合作”二阶段模拟实验，通过操作重复信托博弈中的信息反馈，研究虚拟多人信托博弈中初始信任和基于经验的信任对随后的公共财物两难博弈中合作行为的影响，结果发现：①初始信任对基于经验的信任的建立具有一定的积极影响，但是它对合作行为的作用远不如随后的基于经验的信任；②基于经验的信任水平高的被试在随后的公共财物两难博弈中也表现出较高的合作行为。

刘国芳等（2016）发现经济人信念会破坏一般信任。由于不同的活动领域有不同的交往规则，信任主题可能会调节经济人信念对信任的影响。基于所属领域（经济与社会）与风险程度（高与低）两个维度，本书分析了借钱、消费、捐赠、选举等主题对经济人信念影响信任的调节作用。结果发现，对经济人信念的直接学习和间接激活都只破坏了消费主题下的信任，经济人信念对经济领域中风险程度较低的主题下的信任有破坏作用。

斯密认为，利己是经济活动乃至所有社会活动的根本动机。此后，这一思想逐渐演变为经济学最基本的人性假设，即经济人信念（假设），该信念包括“人是自私的”与“人是理性的”两个层面的观点。在人际交往中，如果个体的信任被利用了，将会给其带来物质或精神层面的损失。风险与不确定性决定了一个自私与理性的人（遵循经济人信念的人）不会轻易信任他人，也确实有证据显示经济人信念可能对信任、合作等亲社会行为有消极影响。

例如，辛自强等（2013）发现，经济类专业大三学生的信任水平要显著低于大一学生的信任水平，而非经济类专业的学生并无这种差异。由于经济人信念是经济学的基本人性假设，学者推论，出现上述结果的原因在于经济学专业的学生在学科的学习过程中逐渐内化了经济人信念。他们首次以实验研究检验了经济人信念对一般信任的影响，研究分别使用直接学习（抄写经济人信念的材料）和间接激活（完成经济相关的题目）等方式激活实验组被试的经济人信念，然后测查其信任水平。结果发现，实验组被试的信任水平要显著低于控制组被试，支持了经济人信念破坏人际信任这一假设。他们发现经济人信念会破坏一般信任。

经济人信念对信任的影响可能会受到信任主题的调节，主要表现在：①信任主题影响信任水平和信任对象。例如，学者发现，被试在面对借钱、负面事件、正面事件等主题时的信任对象和水平都有所差异（刘春晖等，2013）。②不同的活动领域或主题可能有不同的行为规则。一般而言，经济领域以追求利益、理性计算为核心规则，社会领域以合作、协调、互助等为核心规则。例如，在公共物品博弈中，如果将博弈情景设定为投资者进行投资，被试预期其他人会表现出更多的竞争；如果将博弈情景设定为工厂代表向社会进行捐赠，被试预期其他人会表现出更多的合作。有研究发现，激活银行员工的职业身份后，他们会变得不诚信，而在其他行业人群中并无这种效应。这一结果可能是由于不同行业的人群内化了不同的行为规则。综上，信任主题可能在经济人信念影响信任中起调节作用。

五、面部特征

面部特征是非常重要的信息来源，特别是在推测他人的社会意图时。同样，在信任博弈中，面部特征也会影响个体对他人的信任程度。例如，在实验中让每位被试分别与其他 79 位受托人进行博弈，在博弈前让被试对这 79 人的可信赖程度进行主观评估，在每次博弈中，被试均被要求说出他们在多大程度上信任受托人，相比那些拥有不值得被信赖面孔的受托人，人们倾向于投入更多的资金给那些拥有值得被信赖面孔的受托人。而且，有研究发现，积极的面部情绪（如微笑）与信任博弈中的高投资额之间存在正相关。这意味着人们更愿意相信那些面部表情积极的人。对注意缺陷多动障碍（attention deficit hyperactivity disorder，ADHD）成年患者的研究也得出同样的结论。实验结果表明，当存在面部表情这个线索时，ADHD 成年患者倾向于信任那些拥有快乐而非生气面部表情的对象。此外，也有研究发现，相比成熟脸的卖家，娃娃脸的卖家更容易引发消费者的积极情绪反应和潜在的购买行为。这说明消费者更倾向于信任娃娃脸的卖家。综上所述，面部特征作为一种重要的社会线索对人们在信任博弈中的决策行为有着重要的影响（张宁等，2011）。

影响因素通过心理机制起作用，因此综合这两部分可以发现交流和声誉这两个因素通过社会偏好理论起作用。交流使得个体能够进一步了解更多有关他人是否值得信任的信息，声誉水平使得个体能够判断他人过去是否值得信任，而这些均影响个体的社会偏好水平。如果通过交流，个体获得了更多有关他人有利的信息，个体的社会偏好水平则会提高，从而互惠利他的倾向及对不公平的厌恶也会随之提高，继而社会背叛失去效用，信任行为增加。有关声誉的研究表明，如果个体在与他人交际中被欺骗则会出现强烈的情感反应，从而形成个体关于他人的社会偏好（Singer et al.，2004），导致个体对他人的不信任。经验和面部特征则是通过反思—冲动系统起作用的。人们在信任博弈实验中获得的经验通过冲动系统对他人的经济信任判断产生影响。

此外，对他人经济信任的判断受他人微小面部特征变化的影响，并且这一过程发生在冲动系统中且不需要过多的认知资源。有关行为经济学中信任的影响因素纷繁众多，除了上述因素以外，其影响因素还涉及年龄（Fett et al.，2014）、性别、种族（Stanley et al.，2012）、共同的过去、意图等。

信任是人与人之间交往的基础，人际信任对于个体的社会适应及个体的生存都有着重要的意义。在与他人的交往过程中，第一印象尤其重要。所以在交往的初始阶段，在信任关系的建立过程中，面孔作为主要的信息来源起着重要的作用。但随着与他人交往的进一步深入，行为信息在个体的决策过程中也扮演着重要的角色。

六、社会价值取向

社会价值取向（social value orientation）是指个体对自己收益和他人收益

分配的偏好，包括对分配的公平性、收益大小的权衡。个体的选择偏好具有一定的稳定性，因此通常从个体倾向的角度来定义社会价值取向。社会困境中个人收益和他人收益之间有五种选择方案，它们分别对应五种不同的社会价值取向：①个人倾向，即最大化自己的收益而不管他人的收益如何；②竞争倾向，即最大化自己的收益与别人的收益之间的相对差异；③合作倾向，即最大化自己与别人共同的收益；④均等倾向，即最小化自己和他人的收益之间的绝对差异；⑤利他倾向，即最大化同伴或别人的收益。在上述五种社会价值取向中，合作倾向、竞争倾向、个人倾向比较常见。有人将社会价值取向归结为两类社会价值取向：①个人价值取向（personal value orientation）认同理性假设，在社会困境中常常采取不合作行为。它包括个人倾向和竞争倾向，因为两者赋予自己的收益均要高于赋予对方的结果；②亲社会价值取向（prosocial value orientation），包括合作倾向、均等倾向和利他倾向，因为人们能够考虑到给予对方利益（刘长江，郝芳，2011）。

在行为研究层面，“三重对策矩阵”是社会价值取向研究的实验范式之一，“给一游戏”是社会两难情境合作的常见范式之一。采用“三重对策矩阵”将个人的价值取向分为个人型、合作型与竞争型三种类型，其中合作型具有亲社会价值取向的特点，即个人在决策时会考虑对方的收益，表现出一定的利他倾向性，亲社会价值取向者合作水平更高。亲社会价值取向者要比个人价值取向者给出更多代币，从而表现出更高的合作水平。亲社会价值取向与合作行为呈正相关。例如，当询问大学生愿意付出多长时间（小时）来帮助他人时，亲社会者要比个人主义者和竞争者更愿意贡献出时间，亲社会者也更愿意从事一些保护环境或维持环境资源的行为，如给环保组织捐钱、请愿抗议环境污染等。亲社会价值取向比个人价值取向在面临社会困境时会表现出更高的合作水平（严进，王重鸣，2000）。

亲社会取向是一种合作动机，对合作与竞争的解释和判断不一样，个人价值取向预期别人会竞争，亲社会价值取向预期别人会合作，不同价值取向的个体存在一定的认知偏差。社会困境中社会价值取向对合作行为的影响是显著的，而元分析表明社会价值取向可能与其他因素共同影响合作行为。社会价值取向对合作的影响作用，与个体对他人的预期有密切的关联，亲社会价值取向者相信他们的同伴具有和自己相似的价值取向，可能还相信价值取向是由外在因素（如环境）而非内在因素（如人格）所决定的（刘长江，2016），这种相信其实就是一种信任。

七、感戴

当认识到自己是某种施恩的受益者时，人们就能够体验到感戴。感戴有一种激发受益者做出回报行为的驱动力，这种驱动力可能让人们表现得更愿意合作。常言道“滴水之恩，涌泉相报”，这促使人们“在将来对施恩者（或者第三者）的福祉做出贡献”。事实上，感戴似乎是通过提供进一步的帮助来激发人们去互相帮助。经济交换的实验研究发现，感戴能减少自私，让人变得更愿意合作。例如，在实验中，参与者在使用电脑时，一部分人的计算机系统突然崩溃，此时，一位和蔼的陌生人帮助他们修理好故障。随后，所有人参与了一项社会困境的博弈，他们都有机会独自获利，或是与他人合作。结果，从陌生人那里得到维修电脑帮助的人更乐意和别人合作，从而达到共赢。这个研究结果表明，激发被试的感戴之情可以提高社会困境中的合作水平。感戴作为一种积极的情绪状态，对合作的影响作用也被实验所证实。研究还发现初中班级进行感戴内容的心理干预活动，可以显著提高学生感戴体验、生活满意度和正性情感。感戴的特质层面（感戴倾向）与合作呈正相关，师范生的感戴及其三个子维度与亲社会行为均呈显著正相关，感戴对亲社会行为有显著正向预测作用。

中国传统文化中“农夫与蛇”的寓言故事，对“忘恩负义”的指责，表明感戴是由社会规范而引发的一种道德情感，在社会规则中占有特殊的地位，就像移情、共情、内疚和害羞一样，当有机会对他人的处境做出反应时，人们就会产生移情和共情；当没有达到道德标准或者义务时，人们就会内疚和害羞。当人们被善意地对待或者心怀感激、感恩之心时就会试图做出回报，甚至在宗教领域，宗教人士更多地将感恩作为他们理解生活（如健康、人际关系，甚至是感激的能力）的一种方式，认为所拥有的一切皆应归于上天的恩赐。

社会价值取向、感激之情对合作具有一定程度的影响，亲社会价值取向和高感戴状态的个体表现出更高的合作水平。亲社会是亲社会价值者和高感戴者的共同之处，亲社会的属性使得人们更愿意做出符合社会规范的行为，如公平、助人、分享、合作等。社会价值取向对信任的影响，对其心理过程的探讨并不多见。感戴具有动机激发功能，当个人感知到受益后促使自己做出亲社会行为，施恩者在被奖励后也愿意做出更多的亲社会行为。McCullough 等（2004）提出感戴作为一种亲社会情感，通过各种心理状态（如慷慨、合作、信任，并愿意给予信贷他人的成就）来促进亲社会行为的发展，这有助于促进积极的社会互动。McCullough 等（2004）认为感戴的动机激发作用不能被简单地视为一个互惠规范的回应。Bartlett 和 DeSteno（2006）指出，被试更愿意帮助那些有感戴表达的求助者。推测感戴可能是社会价值取向影响信任的心理过程之一。

本书的附录一为人际关系、社会价值取向、感戴和信任的关系的实证研究，结果表明人际关系会影响合作，社会价值取向也会影响合作，感戴在社会价值取向和合作之间起中介效应。

第五章

信任的类型、理论和生理基础

第一节　信任的类型

一、二因素说

社会学领域中人们大多沿着卢曼的社会系统理论将信任分为人际信任与系统信任两大模式。人际信任表达人与人之间的信任关系，系统信任则体现人对群体、对机构组织或对制度的信任，也包括非人际关系中的群际信任和组织信任。卢曼强调系统信任取代人际信任是历史变迁的必然结果。

在近些年的经验分析中，不少研究以人际亲疏关系为测量基础，将卢曼提出的人际信任进一步划分为基于熟人关系的特殊信任，以及超越熟人关系而面向一般社会成员的一般信任，并认为一般信任作为衡量社会发展水平的一个重要指标，最终必将替代特殊信任而标示一个社会、一个国家或民族的进步。

再如，在政治学有关国家与社会的理论架构中存在政治信任与社会信任的模式之分。政治信任关注公民对较为宏观的政府组织、政府政策、政府制度及对政治领袖的信赖、托付和判断，社会信任则指较为微观的、在公民参与和互动中发生的人际信任或社会资本。

但是一些学者脱离国家这一社会领域，在广义上将一切发生在社会而非个体层面的信任统称为“社会信任”，并在系统信任的内涵里提出了“制度信任”，表示人对政策、制度等规范体系所持有的信任。

二、三因素说

祖克尔（1986）根据经济结构中信任产生的三种模式，认为信任包括过程信任、特征信任、制度信任。

（一）过程信任

第一种模式，信任来自屡次参与交换的过程，互惠是这个过程的核心，即屡次发生互惠交换，这使得人们能够学习和培养出人际关系中的信任，合作产生的互惠能加强信任，反之则会损害信任。人际信任具有这个特征，在人际互动的过程中，人们形成对彼此的信任，相信对方不会利用或剥削自己，会考虑彼此的利益。

周怡（2013）认为，基于过程的信任是将以往的社会或经济交换的具体经历作为未来参照的一个预期。显然，基于过程的信任与过去的、期待的交易相关。这类信任通常是超越特定个人关系并立足于一般性交换的信任关系，更多发生在较为复杂而不确定的短期交易场景或第一次交往的场景中。“过去的经历”在这里被当作担保和抵押去开启行动者的信任。例如，将声誉、品牌及礼物交换过程等作为一种特殊的抵押，可以很容易推动人的信任。先前的“第一手”信任经历会对发展和维持长期的信任合作关系产生至关重要的影响。如同“第一桶金”对日后的个体及企业发展所起的重要作用一样，以往交易过程中的信任经历亦将深深扎根在日后稳定的人际关系中，表现为经济行动的社会镶嵌。

基于过程的信任日积月累，终将成为表征个体或系统特征的声誉和口碑，在有效启动和维护既存的信任关系的同时，还能抑制生产者及市场参与者的投机冲动，以调节市场经济秩序。比如，企业通常会将品牌和名声看成专用性资产投资，并把产品质量承诺看作一种担保和抵押。一旦产品质量出现问题，就意味着大量对声誉的投资将血本无归。而一些经验研究证明，声誉好的公司更容易成为合作盟友，建立声誉对获得长期收益来说是最优选择，自治商业社会中的“多边声誉机制”，是维持市场交易契约执行的基本保障。

（二）特征信任

第二种模式，信任建立在社会相似性的基础上，如个人的家庭背景、年龄、社会地位、经济地位、种族等，强调成员的相似性和认同感，共同的特征可以产生信任，这种信任引出积极的互动，并实现互动的自我巩固。

基于特征的信任是完全独立于市场交易经历的，它将信任视作与生俱来的个体人格特征之反映，即信任是信任者本身的一种内在品质及其人格的积淀，而不是信托人与受托人之间的一种关系。它强调信任来自年龄、性别、家庭背景、同辈群体、族群共同体，以及社会系统的社会化过程所塑造起来的“基本信任”“信任冲动”“信任能力”。信任在这里被视作一种充满亲密情感、非理性和本能的东西，并且与乐观、开放、行动的未来取向及成就取向等积极因素相联系，即基于特征的信任强调的是每个社会行动者都带有成长过程中所塑造的个人经验，这些个人经验促使行动者形成信任或不信任的心理倾向，进而影响信任行为的形成。

不同学者曾经分别以情感、冲动或习惯等阐述这类基于行动者个人特征的信任理由。此外，从弗洛伊德开始，心理学就对早期童年给予了特别的关怀，大量最新研究也确证了早期经验对信任的心理倾向有明显影响。信任的心理倾向最初起源于与信任相关的生活经验，如成长环境对个体信任倾向的形成也颇具影响等。学者相信这些在早期生活经验和成长环境里形成的人格特征会下意识地支配和影响人们的具体信任模式。相比微观层面上强调个体生活经验的情感信任来说，多数注重宏观层面的研究更重视从社会心理角度考察心理发生过程中的“认知结构”，并由此认定存在认知信任模式。

同样，这些研究亦相信认知结构所传播的某些已成为刻板印象的人格特征，通常会在“实践意识”层面构成行动者“基于特征的信任”的出发点。所不同的是基于认知信任模式的分析表明，元认知包含元认知知识、元认知体验和元认知技能。元认知可以通过个体自身对认知过程的知识及调节认知过程的能力，对思维和社会化学习过程进行控制且主动有意识地介入信任。从社会心理学的视角来看，个体的信任倾向会受到关于信任的社会表征的影响，形成独特的集体心理结构特征。

（三）制度信任

第三种模式，称为“制度信任”，信任与社会结构和制度紧密联系，制度作为社会的一种行为规则，鼓励和倡导一些行为，否定和压制另一些行为，这种引导使人们对他人的行为更具有预见力，从而建立起相互信任。现代社会的法律、法规和奖惩制度，在很大程度上建立起人们对制度的信任，按照制度的要求规范自己的行为，同时也相信别人会按照规范行为处事。

基于制度的信任与广泛的社会制度及通过制度安排而实现的文化规范极为相关。这类信任首先源于各种传统习俗、规范、职业道德、专业资质证书或执照、协会会员等，其次源于诸如契约合同、信用账户等中介于交易双方的各类社会机制。相比基于过程、特征的信任较为注重微观个人品质、声誉及交换双方的具体互动而言，祖克尔（1986）将基于制度的信任投射到交换双方所处的社会制度环境中，如传统习俗、合法化的资质、契约合同等成了信任双方不可逾越的且必须具备的制度化保障。同时，祖克尔通过观察发现最终基于过程、基于特征的信任一定会被基于制度的信任取代而成为整合市场乃至社会秩序的一个长期且便捷的重要维度。

这一发现同社会学家卢曼提出的系统信任取代人际信任的观点一致。由此，有学者将祖克尔基于制度的信任等同于卢曼的系统信任，而将其基于过程、特征的信任对应于卢曼的人际信任，强调系统信任抑或基于制度的信任的出现象征着人类社会的进步，即从简单的传统社会到复杂的现代社会，社会主导的人际信任模式将从亲密情感关系面向契约合同关系再向普遍主义的信用关系过渡。

这里，不少研究沿着新制度主义路线，将制度视为由现存的正式规章制度与非正式约定俗成的文化规范两部分组成的。他们认为后者非正式的文化规范是制度安排长期作用的结果，以习俗、共享价值观、共同信仰等文化形式表现出来。因而，基于制度的信任通常也囊括那些在共享信念或信仰基础上建构共同预期的行动。它往往表现为某特定社会、社区或共同体历史积累的集体经验形成的信任文化。

在静态意义上，这类信任文化其实是一个相对稳定的制度系统或规则系统，通过规范和价值观鼓励行动者自觉地对他人、对组织保持忠诚和信任，以达成普遍主义的信用关系。动态意义上，尽管行动者本身被假设为生产、再生产制度秩序的创造者，他们可以自由改变既定的社会结构和秩序。目前看来，一方面，行动者只有在意识到既有的自身行动毫无意义时，才有可能根据现存的制度安排去改变其行动；另一方面，既定社会系统的制度安排亦倾向于维持原有的价值伦理环境，而不愿“受到挑战”。

这就是随着岁月流逝，制度却相对稳定的原因。基于制度的信任，一旦将制度约束或制度控制的信任上升为普遍内在于心的共享价值的信任文化，即由契约合同的管控性信任上升为普遍主义的自觉信用关系。那么，同一社会一般公民共同的全部信念、情操形成一个特定的系统。这个系统有自己的生命。福柯（1999）将其命名为“集体良知”。也就是说，高水平的、基于共享的价值符号体系的一般信任，作为一种连接人心的力量，可以为市场经济秩序提供整合的文化基础。

三、四因素说

（一）策略化的信任

传统经济学认为人是自利和理性的，在任何情况下都追求个人利益的最大化，信任是利害关系中的一种理性计算（rational calculation），它建立在个人和他们面对的信息的基础上，在信任基础上的合作成本是最低的。现实的交易中，参与人的信息是有限和不对称的，拥有信息优势的一方就有可能背信，从而获得额外的收益；而处于信息劣势的一方则可能因此而遭受损失，至少是增加监督对方的交易成本。但是，如果存在声誉受损、道德约束、第三方强制执行机制（主要包括政府、司法体系和行业协会）等约束条件，双方的成本与收益就有可能被改变，这使得当事人诚实地履行事前承诺比食言更加有利可图。因此，从这个意义上说，信任不能超出自我利益的预测，否则就是盲目的、无条件的信任，而盲目的、无条件的信任会使行为主体难以在市场中生存，是非理性的。如此说来，信任是“经济人”在面临一系列约束条件的前提下，经过理性预测之后的一种行为选择。这样的信任是被动的，是不得已而为之的。

（二）关系化的信任

社会心理学认为信任是人际关系的一个核心特征，是一种人际态度（interpersonal attitude），人与人之间的信任程度反映了人与人之间的关系。人际交往时的一些基本观念，如“将欲取之，必先予之”，或者是“己所不欲，勿施于人”，都反映在人际交往时，人们遵从一些公共信念，这些信念让人们相信他人是值得信赖的。Lewis 和 Weigert（1985）认为信任是由人际关系的理性分析和非理性情感共同决定的，理性和情感是构成人际信任中的两个重要维度。相应地，认知性信任（cognitive trust）是基于对他人的可信程度的理性考察而产生的信任；情感性信任（emotional trust）是基于强烈的情感联系而产生的信任。这是最重要的两种信任类型，二者的不同组合可以形成不同的信任。而且，随着社会结构的变化和社会流动性的增加，越来越多的社会关系更加偏向于认知性信任。

（三）特质化的信任

从进化心理学的视角来看，信任是进化的产物，受社会文化、道德规范、天性（通过进化和遗传得来，某些人天生就有合作的倾向）和教养（社会环境鼓励有同情心和协作）的影响。在人类进化的过程中，很多心理特性具有生物学的基础，因为人类祖先在寻求生存的活动中，发现合作与帮助他人比纯粹的利己有更大的生存价值，所以合作是一种“自然选择”的结果，是适应社会的产物，在合作中信任也就应运而生。信任的发展是一个历史过程，个人根据积累的人际交往经验做出信任与可信赖的判断。从这个角度来看，信任是一种个人特质，是一种能力，并且这种能力因人而异。信任能力高的个体，愿意更多地采取信任行动，从而得到相应的回报，进一步强化了他的信任能力；信任能力低的个体，更多地采取防范的、不信任的行为方式，得到的行为结果也同样固化了他的多疑和不信任。信任合作具有自我加强的能力，Putnam（1993）提出信任不仅促进了合作，而且合作也培育了信任，信任的出现和维持是一个互相依赖的、循环往复的过程，随着时间的流逝，从一种外在的客观要求，慢慢地内化成一种个人的特质。

（四）道德化的信任

“不论群体中的其他人做什么或不做什么，我都会以令人信任和值得信任的方式行动。”“道德化的信任”这个概念最初是由 Rotter（1967）提出来的，他认为，信任行为有时候反映的是个体“对于信任的道德正确性的信念，而不是对信任他人中所包含风险的预期”。有时候，会将道德化的信任看成是无条件的，即个体不以他们的收益作为条件，也不认为他们能诱导他人采取信任。相反，他们以一种值得信任的方式行动，是因为他们相信这是好的群体成员应该做的事。但是，在某种意义上，道德化的信任是有条件的，因为对这种行为的需求在人们认为没有信任的情境中表现得最为明显。例如，对个体没有采取值得信任的方式行动的某种道德愤慨可能会促使个体采取道德化信任的行为。

从文化心理学取向来看，信任是一种社会品德，也将其称为“道德化的信任”，即无论他人的行为如何，个人都采取令人信任和值得信赖的方式行事，不以风险和收益的计算为基础，也不作为一种追求自身利益的策略，而是将个人认同为一个有良知的社会成员应该具备的行为方式。与此同时，关于社会两难的合作研究也表明，信任水平影响对他人的期望和对自己的尊重。这些研究表明在不管他人是否合作的情况下，高信任者（期望互惠）仍然合作，这表明信任不仅仅是因为追求个人利益的最大化，也是一种道德义务。高信任者有一种积极的期望，他们信任他人并且尊重自己，因此无论其他人的行为如何，高信任者常常会合作。相反，低信任者没有这种积极的信念，会表现为较少合作。信任是一种美德，在一定程度也解释了在人类发展的过程中，人们不仅仅表现出理性和利己，追求最大利益，也常常表现出互惠、利他、无私和公正的行为。

信任是一个动态的过程，它与社会文化、制度、经济发展水平、道德规范和法律等都有着密切的联系。在理论层面，行为博弈视野下的信任研究仍需进一步明确信任的内涵，整合不同的理论观点，并通过实验研究来予以支持和解释。通过对信任内涵的探究，认识信任的动力机制，了解信任下降或是提高的原因，可以重建信任。

在信任水平呈下降趋势的时候，关注信任的预测因素和结果变量，具有较强的实践价值。社会实践中信任的建立、学习、发展和维持，信任与可信赖的心理机制及演化规律，都是值得进一步关注的。

除此以外，Rotter（1967）还看到了基于利益考虑的经济学视野下有利己信任、利他信任和内隐性利益等关于信任的分类和之间的差别，如基于跨文化比较的研究中存在高度信任与低度信任抑或稀薄信任的国别差异等。

第二节 信任的理论

一、背叛厌恶理论

早期信任研究大多强调信任所包含的不确定性，将信任视为风险决策，往往借用风险厌恶的概念来解释人类的不信任行为。风险厌恶（risk aversion）是指个体在获益情境下面临风险决策时更倾向于选择保守，在经济学理论当中起着核心作用。随后，Bohnet 等（2004）对上述观点进行了扩展，强调决策者收益由他人决定的社会风险情境（如信任博弈）要比由偶然因素决定的自然风险情境（如赌博任务）更为复杂；信任背叛/欺骗除了导致决策者收益的物质损失外，还会使其体验到强烈的负性情绪，因此风险厌恶无法准确描述社会风险情境中的回避行为，进而提出了“背叛厌恶”来解释上述现象。

背叛厌恶理论（betrayal aversion theory）试图从社会偏好角度来理解人类的不信任行为，强调人们存在较普遍的背叛厌恶动机（即回避遭受背叛所导致的负性情绪的欲望）（Aimone，Houser，2012）；信任困境涉及一种策略不确定性，总是伴随着遭受对方背叛或剥削的可能性，因此背叛厌恶动机驱使个体选择不信任以回避背叛风险，进而表现出较少的信任行为。美国学者 Bohnet 和 Zeckhauser（2004）最早报告了人类普遍存在背叛厌恶以减少被他人欺骗风险的实证研究。实验设置了二进制选项的信任博弈和与之具有相同结构的赌博任务，要求被试指出其愿意相信对方（人类或电脑）的最低可接受概率（minimum accepted probability，MAP），结果发现信任博弈中的 MAP 值显著高于赌博任务，进而证实了人们普遍存在背叛厌恶，宁愿相信电脑也不愿相信人类同伴。随后，Bohnet 等（2004）在巴西、中国、阿曼、瑞士、土耳其和美国重复进行了上述研究，结果发现不同国家内的被试在信任博弈中的 MAP 值均显著高于赌博任务，进而再次证实了背叛厌恶动机的普遍存在性。

新近脑成像研究也为背叛厌恶理论提供了脑神经科学上的证据。Aimone 等（2014）要求被试完成与电脑或人类同伴互动的博弈任务，但对实验条件进行了更为严格的控制。首先，电脑互动条件下被试仍然与真实人类同伴进行互动（被试已知晓此信息）。当被试选择信任时，其自身收益由电脑决定，而对方收益由对方的选择决定，进而排除了利他性或不平等厌恶偏好的干扰。其次，电脑互动条件下决定信任者收益的程序是：实验前收集所有受托者的决策数据并存储于程序中，然后每个回合从中随机抽取一个数据来决定信任者的收益，进而尽量保证实验程序中各种变量参数的一致性。最后，电脑互动条件下信任者收益的决定模式使得被试无法知晓当前回合同伴的行为选择（合作或背叛），进而排除了背叛厌恶偏好对行为决策的影响。研究结果发现电脑互动时的信任选择率（62.76%）显著高于人类同伴互动（49.43%），证实了背叛厌恶对被试信任决策的影响；信任决策时人类同伴互动比电脑互动诱发了更明显的右侧脑岛激活，而不信任决策时两种互动条件导致的脑岛激活无显著差异，表明脑岛可能反映了与背叛厌恶相联系的负性情绪加工（Aimone et al.，2014）。

二、社会规范理论

背叛厌恶理论强调信任的不确定性及其潜在物质/心理损失，有助于理解不信任行为的产生机制，却无法解释人类普遍存在的信任行为，因此一些学者转而尝试从积极互惠预期的角度来理解信任行为。这种积极互惠预期主要源自互惠原则，其中互惠原则指人们会奖励善意的行为，并惩罚敌对的行为，其在文化当中的普遍性和重要性不亚于乱伦禁忌；主要包括直接互惠、间接互惠和强互惠三种，三者共同作用使得决策者相信他人会遵守互惠原则，回报自己的信任行为。因此，有学者提出从遵守互惠规范所衍生的积极互惠预期的角度来解释人类信任行为。

社会规范理论（social norm theory）从遵守互惠原则的预期来解释人类的信任行为，强调互惠原则是一种为世人所共同遵守的社会规范，个体相信并预期人们能够遵守互惠规范，进而奖赏善意的行为，因此信任行为是能够得到回报的（Krueger et al.，2008b）。新近研究已经证实了凭借返还金钱来奖励他人信任的可信赖性（trustworthiness，正性互惠的一种形式）是一种广泛认可的社会规范，而信任他人则不属于社会规范。依据社会规范理论的观点，信任困境的核心在于个体如何感知所处的博弈情境，互动情境中的社会信息或线索均能够调节其互惠预期，进而影响随后的信任决策。例如，Burnham 等（2000）通过指导语诱发了被试与同伴或对手互动的状态，研究发现同伴互动条件下的信任率显著高于对手互动条件。Binzel 和 Fehr（2013）检验了社会距离（朋友或陌生人）对信任者互惠预期及行为决策的影响，结果发现朋友互动条件下的信任率要显著高于陌生人互动条件，而且朋友互动条件下的高信任率与其对朋友的可信赖知觉有关。

一些神经生理研究也初步探讨了互动情境中不同社会线索（如事先声誉、面孔吸引性等）调控信任决策的神经机制（Ma et al.，2015；Stanley et al.，2012）。Stanley 等（2012）要求被试与不同种族的玩家完成信任博弈，并依据其给予不同种族玩家的投资金额计算了每个被试的信任偏见（作为度量声誉的指标），进而探讨互动同伴种族和声誉信息对个体做出信任决策时大脑活动的影响。研究发现决策阶段尾状核的激活水平与其信任偏见存在显著正相关，当被试选择信任信赖性评价较低的同伴时，尾状核激活程度更强，进而证实了尾状核会参与到种族声誉信息的表征过程当中。Chen 等（2012）采用信任博弈探讨了受托者面孔吸引性对决策者合作行为的影响，发现面孔吸引性能够增强被试的互惠预期进而促进合作行为，高吸引性面孔条件下损失反馈较小。有研究采用信任博弈探讨了承诺对信任者行为决策的影响，发现事先承诺也可以促进信任行为，且事先承诺条件下减少非奖赏反馈会引起更大的反馈相关负波或者反馈负波（feedback-related negativity），表明事先承诺条件下被试具有更强烈的互惠预期（Ma et al.，2015）。在结果评价的脑电研究中，dFRN 是指负性反馈所诱发波幅减去正性反馈所诱发波幅后的差异成分，它排除了晚期成分（如 P300）的影响，是对反馈结果与事先预期之间偏差（预期奖赏错误信号）更为纯粹的表征（Wang et al.，2013）。鉴于 dFRN 的波幅大小直接反映了预期奖赏错误信号的大小，即实际结果与预期结果之间的偏离程度（Wang et al.，2014），因此上述两项脑电研究表明面孔吸引性和事先承诺能够影响信任者的互惠预期。

三、道德规范理论

早期研究大多将信任作为风险与互惠预期彼此权衡的产物，背叛厌恶理论和社会规范理论则分别从风险或互惠预期角度来理解人类的信任/不信任行为。然而，Fetchenhauer 及其同事所完成的多项研究结果则对上述两种理论观点提出了质疑（Fetchenhauer，Dunning，2009；2012）。例如，Fetchenhauer 和 Dunning（2009）要求被试完成三项任务：①参与简化版本的信任博弈，并说明自己充当信任者或受托者时会如何选择（信任者做出信任或不信任决策；受托者做出互惠或背叛决策）；②评估其他被试充当受托者时选择互惠的可能性（度量其互惠预期）；③设置了与上述信任博弈具有相似结构的赌博任务，被试需指出其愿意参加该赌博任务的最低获胜概率（度量其风险忍受性）。研究结果发现参与赌博任务的最低获胜概率均值约为 62%，而大约 70%的被试在充当信任者时选择信任他人；大约 80%的被试声称自己会报答他人的信任行为，但却认为自己得到互惠的可能性仅为 45%；依据互惠预期符合或超出风险忍受性的标准，大约 30%的被试应该选择信任，然而实际上却有 65%的被试选择信任，即大约 35%的被试在其互惠预期低于风险忍受性时仍然选择信任他人。因此，学者认为风险和互惠预期无法完全解释信任行为，并提出道德性强制规范（injunctive norm）可以解释上述过分信任的现象。

道德规范理论试图从尊重他人道德品质的视角来理解信任的本质，强调信任是一种由内化的道德性强制规范驱动的行为，个体借此向他人的品格表示尊重，维持其关于他人值得信赖与诚信善意的社会矫饰，即使个体私下并不相信如此，也会尊重他人的动机驱使个体选择信任以符合强制规范，进而表现出较高的信任行为（Dunning et al.，2014）。例如，Fetchenhauer 和 Dunning（2012）以事先收集的其他个体的互惠选择为基础，构建了互惠率为 46%或 80%的信任任务，同时设置了获胜率为 46%或 80%的赌博任务作为对比条件（具体而言，假定某个容器内包含红色或白色乒乓球共计 100 个，实验者从中随机抽取一个乒乓球，被试可以押注抽取球为白色乒乓球。被试被告知：80%获胜率条件下容器内包含 80 个白色乒乓球，46%获胜率条件下容器内包含 46 个白色乒乓球），进而探讨风险水平和任务类型对个体行为决策的影响。研究发现参与赌博的决策随获胜率提高而急剧上升，而互惠率的变化并没有对被试的信任选择率产生显著影响，这表明个体匿名与他人互动时更愿意表现出风险行为（信任行为）。

学者强调信任本质上是表达性的而非工具性的，即信任是由信任行为本身所引起的效应驱动的，而不考虑其远端结果。Dunning 等（2014）通过六项行为实验发现，人们会过分地信任陌生人，即使这种信任水平超过了其风险忍受性，并且与履行社会责任有关的情绪（如内疚和焦虑）也仅能够部分程度上解释这种过分信任行为。学者从尊重规范的视角来解释上述结果，认为尊重规范驱动人们选择信任，借此向他人人格品质表示尊重，维持他人值得信赖与个体诚信善意的社会矫饰。相比于轻信他人，不信任他人在道德上具有更强的攻击性。

四、默认行为模型

随着认知神经科学的不断发展与完善，学者已经不满足于从风险或互惠预期等认知因素上理解信任行为，逐渐尝试探索信任行为潜在的神经生理机制。Koscik 和 Tranel（2011）以脑损伤患者为被试，借助信任博弈任务探讨了杏仁核（amygdala）在人际信任的发展与表达当中的作用，发现杏仁核损伤患者遭受背叛后会表现出更高的信任水平，正常成年人则能够依据同伴的行为而调整自身信任行为的表达，而杏仁核脑损伤患者在表达信任行为时往往存在前后相矛盾的现象，进而证实了杏仁核对于正常的人际信任发展与表达而言是十分必要的。以上述结果为基础，Koscik 和 Tranel 整合了已有行为数据结果及催产素调控人际信任的相关研究成果，提出了一种解释人类信任行为的大脑模型。默认行为模型（default mode of behavior）强调信任他人是人类在信任困境中的默认行为模式，而杏仁核对输入社会刺激的评价则能够调节这种默认行为模式，因此杏仁核的评价加工对个体的行为决策起着至关重要的作用（Koscik，Tranel，2011）。该理论模型存在两条工作路径，一条是信任他人的默认行为路径，另一条则是杏仁核对输入社会刺激的评价路径。当评价路径将输入社会刺激评价为积极与正性时，该路径便会促进信任行为的产生；相反，当输入社会刺激被评价为消极与负性时，该路径则会促进不信任选择的发生；而当杏仁核受损导致评价加工缺失时，默认行为路径会驱使个体选择信任行为。

神经递质催产素的研究也支持杏仁核评价路径的存在及其对默认行为路径的调控作用（Baumgartner et al.，2008；Kirsch et al.，2005；Kosfeld et al.，2005）。Kosfeld 等（2005）研究发现，相比于摄入安慰剂的控制组而言，催产素鼻腔滴入组被试在信任游戏中表现出更多的信任行为，并将其解释为催产素摄入导致了个体风险厌恶的下降，以及承受风险伤害意愿的上升，进而首先证实了催产素能够增加人类的信任行为。

Kirsch 等（2005）采用 fMRI 技术探讨了催产素如何调节不同恐惧刺激诱发的杏仁核活动，发现催产素能够抑制杏仁核的激活及杏仁核和负责恐惧反应的脑干组织之间的功能连接，进而促进个体的社会信任和社会性风险追求；催产素所引起的杏仁核激活减弱在社会性刺激（面孔情绪表达）条件下更为明显。这种结果表明催产素能够通过抑制社会互动中的背叛恐惧，进而增加或促进信任行为。Baumgartner 等（2008）研究发现信任博弈中控制组被试在遭受对方欺骗后会减小其信任行为，而鼻腔吸入催产素组被试则没有改变其信任行为；这种信任调整的差异与杏仁核等脑区激活减弱有关，证明了催产素通过抑制杏仁核的负性评价加工来增加信任行为。

五、反思—冲动模型

传统经济理论认为，在信任博弈中，对他人的经济信任是基于与他人相关的信息进行理性加工而形成的。然而心理学家却提出了不同的理论来解释经济信任产生的机制，即反思—冲动模型（reflective-impulsive model，RIM）。这个模型包括反思系统（reflective system）和冲动系统（impulsive system）。其中，反思系统需要大量的认知资源，包括整合和权衡有关“结果—价值”的信息，以及它们各自的概率以实现最佳决策。反思—冲动模型认为所有的判断与决策都涉及反思系统。反思系统通过一种命题的方式将彼此相关的重要内容联系起来，并以分配一个真值到这些关系中的方式参与判断与决策的过程。例如，当判断某人是否值得信赖时，我们的判断包括“某人”与“可信赖的一类人”之间的关系。而且，人们的决策（如是否信任他人）被反思系统中的信息所左右。

有关经济信任的研究表明，信任决策的反思性成分（博弈形式的变化和对结果的期望）塑造了博弈中个体的经济信任行为。根据反思—冲动模型，在反思系统中关于信任的判断与决策受先前激活的信息内容和不相关任务的影响。例如，人们在一种情境下接触到“信任—怀疑激活”信息可能会影响到其他不相关情境中信息的加工。与反思系统不同，冲动系统则几乎不需要认知资源，其加工过程较快且在关联网络的结构中遵循激活扩散原则。例如，Todorov（2012）的研究表明，对他人经济信任的判断可能受其微小面部表情变化的影响。在经济信任决策过程中，这两个系统同时发生、相互影响，贯穿全过程。

Posten 等（2014）将经典信任博弈任务与标准启动范式相结合来探究反思—冲动模型中两个系统是如何影响信任产生的。结果表明，仅仅通过启动激活冲动系统中的信息就能影响反思系统中有关信任博弈的决策。也就是说，通过激活冲动系统中“信任”或者“不信任”这个概念就能影响人们反思系统中对陌生人经济信任程度的判断与决策。特别是在阈下激活“经济信任”这个概念之后，很多陌生人被判断为更值得信任，而且该实验进一步表明对于信任概念的阈下启动塑造了信任博弈中接下来与信任相关的行为。虽然这两个系统均对经济信任的决策过程产生了影响，但是在不同的情况下两者的地位可能不同。例如，在认知资源不足的时候可能更多依赖冲动系统，在相关信息充足时也许更多依赖反思系统。

反思—冲动模型从心理学的角度阐述了经济信任形成的过程，为研究经济信任的心理机制提供了新的理论视角。值得注意的是，学者在用该模型解释经济信任形成的过程时大部分是在经典信任博弈中进行的，至于这一结论在其他信任博弈变式中是否同样适合还有待于进一步证实。

六、社会偏好理论

信任博弈中人们的信任及回报行为是传统经济学中的经济人自利模型所无

法解释的。近几十年来，心理学家逐渐形成了社会偏好理论，且用此解释信任博弈实验中人们的一系列行为。“社会偏好”（social preferences）这个概念由Camerer（1997）首次完整提出，指人们关注他人收益或行为的倾向，并将其分为三类：互惠偏好（reciprocal preference）、公平偏好（fairness preference）及利他偏好（altruistic preference）。其中，互惠偏好是指人们对他人善意的行为进行回报，对敌对的行为则进行报复；公平偏好是指人们有减少与别人收益差异的动机，当领先于别人时会牺牲自己的利益去帮助他人，而当落后于别人时则相反；利他偏好是指出于对他人利益的关心而愿意牺牲自身的利益。

根据社会偏好理论，人们的经济信任行为则主要受互惠偏好和利他偏好的影响。人们对互惠、利他的倾向和不公平的厌恶使得社会背叛失去了效用，从而表现出经济信任和回报行为。有学者为了检验上述结论，实验中以工商管理硕士（MBA）学员为被试，在其学习初期进行信任博弈实验，并将其作为代理人时的返还金额作为社会偏好的指标，在课程学习结束之后，调查被试现实生活中的校友捐赠活动。结果显示，在信任博弈中返还金额每增加1%的被试，在校友捐赠活动中平均多捐赠 31 美元。这说明社会偏好程度越高的个体其经济信任水平越高。有关社会偏好理论的研究已经成为行为经济学的重点，特别是用其解释传统经济学无法阐释的问题（如经济信任）。

社会偏好（尤其是互惠偏好和利他偏好）对经济信任的影响，改变了经典的信任博弈范式，发展出了新的范式，包括信任博弈实验、增值三倍的独裁者实验和修正型的标准独裁者实验。结果表明，将信任博弈实验委托人投资额与增值三倍的独裁者分配额进行比较，得出不同个体之间存在利他偏好的差别，同时这种差别对经济信任行为产生影响，而且一些实验表明那些在信任博弈实验中表现出值得信任的个体，在现实生活中信贷偿还率也较高。这说明社会偏好（尤其是互惠偏好）较强的个体更倾向于表现出可信赖的行为。

第三节 信任的生理基础

近年来，有关信任的生理基础的研究已经有所深入，随着脑成像技术的发展日趋成熟，信任行为潜在的神经机制逐步被揭示出来。基于新近发展的信任生理模型，学者认为信任行为主要涉及内侧前额叶皮质、尾状核、杏仁核、脑岛、催产素及睾酮等，但是这些脑区及激素之间是单独起作用还是相互联系？这个问题目前还没有较明确的答案。

一、主要脑区

（一）内侧前额叶皮质

内侧前额叶皮质（medial prefrontal cortex，mPFC）主要参与各种社会认知加工，信任研究同样证实了 mPFC 涉及社会互动情境中心理推理、情绪认知与调控等过程（Fouragnan et al.，2013；Krueger et al.，2008；McCabe et al.，2001）。McCabe 等（2001）最早采用信任博弈探讨人们与真实同伴或电脑互动时的神经活动差异，发现同伴互动条件下合作性被试的 mPFC 活动显著高于电脑互动条件，首次证实了 mPFC 参与信任困境中推测对方心理状态的加工。

Krueger 等（2008）进一步发现信任与互惠行为均能够诱发前喙内侧前额叶皮质（anterior rostral medial prefrontal cortex，arMFC）和颞顶联合处（temporoparietal junction，TPJ）的显著激活，再次证实了 mPFC 参与信任困境中的心理推理加工。Fouragnan 等（2013）检验了事先声誉信息如何在大脑内编码及其对信任者、对他人建立信任的过程的影响，结果发现首次呈现声誉信息能够增强 mPFC 的活动；当存在声誉信息时合作性同伴也会诱发更强的 mPFC 活动，表明 mPFC 可以编码声誉信息及其在随后互动中的价值。

另外，一项脑损伤研究也发现了腹内侧前额叶皮质（ventromedial prefrontal cortex，vmPFC）参与人类的信任与互惠行为。Moretto 等（2013）设置了与人类同伴互动的信任游戏和与电脑互动的风险游戏，要求 vmPFC 受损患者、非额叶受损患者和健康控制组被试分别完成上述两项任务。研究发现 vmPFC 受损患者无法依据互动同伴来调整自身行为，其在信任游戏和风险游戏中具有相似的风险偏好，相反健康控制组被试在信任游戏中的投资比例则显著低于风险游戏；vmPFC 受损患者充当受托者时返还给信任者的金额更少，表现出更少的互惠行为；这表明 vmPFC 所参与的社会评价与情绪加工在信任与互惠行为中起着至关重要的作用。

（二）尾状核

尾状核（caudate nucleus）是参与奖赏加工的一种重要结构，信任研究往往认为尾状核主要参与互动同伴值得信赖性或声誉信息的习得与编码。一些研究表明尾状核可以从间接互动经验中习得互动对方的可信赖性（King-Casas et al.，2005）。King-Casas 等（2005）采用信任游戏的研究发现受托者的互惠表达能够预测信任者未来的信任行为；当信任者表现出信任行为时，受托者的尾状核激活最大，而当信任者表现出不信任行为时，尾状核激活最弱；而信任者尾状核的激活随着后面回合中受托者返还金额数目的变化而起伏，表明尾状核能够加工或计算关于互动同伴决策的公平性，以及互惠信任行为意图的信息。因此，尾状核的激活反映了个体认为同伴是否值得信赖的信息。Wardle 等（2013）要求被试与具有不同互惠比例（25%、50%和 75%）的虚拟同伴完成信任博弈，试图探讨信任决策时互动过程所习得的声誉信息是如何在神经水平上进行表征的。结果发现相比于与良好声誉同伴互动时，个体与不良声誉或模糊声誉同伴互动能诱发更强烈的尾状核激活，而且这种尾状核激活水平与模糊互动情境下个体的信任偏见存在显著负相关，证实了尾状核能够表征信任决策中的不良声誉信息。

另一些研究表明，暗示同伴声誉的社会信息（如人格特质描述或种族信息）能够调控尾状核的反馈学习机制。例如，Delgado 等（2005）将受托者描述为道德品质优良、道德品质较差和道德品质中性三种类型，要求被试分别与之完成信任博弈。研究发现即使所有条件下的互惠比例一致，被试仍然倾向于信任道德品质优良的受托者；当被试与中性道德品质同伴互动时尾状核表现出显著激活，表明事先的社会与道德感知能够降低个体依赖尝试错误反馈机制来习得声誉的机制。随后，Fareri 等（2012）借助掷球游戏操纵了受托者的初始印象（良好、中性和较差），发现当互动结果与初始印象相一致时被试倾向于更新其对良好或较差同伴的信念，互惠结果比背叛结果诱发更显著的尾状核激活，进而证明了间接社会经验习得的初始印象会持续地受到奖赏学习机制的影响。

最后，一项针对非情感性精神病患者的脑成像研究发现，与健康成人相比，非情感性精神病患者具有更低的信任水平，与合作性同伴互动时尾状核激活水平更低；非情感性精神病患者尾状核激活程度的下降水平与其偏执量表得分存在显著负相关（Gromann et al.，2013）。学者认为，对社会奖赏的异常敏感性可能是由于非情感性精神病患者缺乏信任的内在机制，而且这种信任缺失会受到尾状核的调控。随后学者进一步检验了非情感性精神病患者子女和健康成人与合作性同伴完成信任博弈时的神经差异，研究发现两组被试在信任博弈中的行为数据没有显著差异，但是信任阶段中非情感性精神病患者子女的尾状核激活程度更低（Gromann et al.，2014）。这两项研究从侧面进一步证实，尾状核所参与的奖赏加工及值得信赖性的习得过程均在信任行为中起着十分重要的作用。

（三）杏仁核

信任研究主要强调杏仁核与不信任或恐惧情绪之间的联系（Todorov，2012）。面孔信赖性的研究发现在面孔信赖性评价过程中，不值得信赖面孔比值得信赖面孔诱发更显著的杏仁核激活，进而证实了杏仁核与信赖性知觉有关（Todorov，2012）。一些脑损伤研究结果也表明杏仁核在正常人际信任的发展与表达中扮演着重要角色。例如，相比于控制组健康个体或者其他脑区损伤患者而言，双侧杏仁核损伤患者认为他人看上去更值得信任和亲近（Adolphs et al.，2005），在信任博弈中表现出更多的信任行为，而且遭受对方背叛后仍然选择给予较多的信任（Koscik，Tranel，2011；van Honk et al.，2013）。例如，van Honk 等（2013）的脑损伤研究发现，相比于健康控制组被试而言，基底外侧杏仁核损伤患者对陌生人表现出过分的信任行为，进而证实了杏仁核子区域在信任行为表达中的作用。最后，有研究表明催产素能够通过降低杏仁核的活动，减少个体的背叛厌恶及其伴随的恐惧体验，进而促进信任行为的产生。

Baumgartner 等（2008）研究发现，信任博弈中控制组被试在遭受对方欺骗后会减少其信任行为，而经鼻腔吸入催产素的实验组被试则没有改变其信任行为；这种信任调整的差异与杏仁核等脑区激活减弱有关，证明催产素通过抑制杏仁核的负性评价加工来促进信任行为的发展。这些结果均肯定了杏仁核在信任决策当中的作用，在一定程度上为默认行为模型提供了证据支持。

一般认为，杏仁核是产生、识别、调节情绪及控制恐惧学习和记忆的脑部组织。杏仁核对与决策相关的情绪加工起到重要作用，在爱荷华博弈任务（iowa gambling task，IGT）任务中，杏仁核对决策的作用可能在于它的损伤直接导致了被试无法加工刺激的情绪属性，从而间接导致了决策的受损。最近的一项研究发现，杏仁核单侧受损的被试在多轮信任博弈中信任行为显著增加，特别是对于背叛，被试的信任行为反而有所增加（Koscik，Tranel，2011）。这说明执行预警功能的杏仁核受损降低了个体防范他人的警惕性，也使得个体的决策受到影响。

（四）脑岛

脑岛（insula）与人类的多种情绪加工有关，如厌恶、焦虑等。一些学者的经典研究发现，该脑区的活动水平与资源分配的不公平程度呈正相关。而且，研究表明，在网购行为中，当人们对不信任进行加工时会更多地激活与感知不确定性有关的脑岛（Riedl et al.，2010）。

脑岛主要涉及对情绪和身体状态的自我意识，信任研究则侧重于强调前脑岛与不确定性、风险及模糊性知觉之间的联系（Riedl，Javor，2012）。网络信任研究初步证实了不信任相关的风险和不确定性与前脑岛存在密切联系（Dimoka，2010；Riedl et al.，2010）。例如，Dimoka（2010）借助于eBay网页，变化了网上卖家的值得信赖性水平（操纵了积极、中性和负性反馈评论的比例），检验了信任/不信任的潜在神经基础。研究发现信任与预期奖赏的脑区（尾状核）、预测他人行为的脑区（旁扣带回）和不确定性计算（眶前额叶皮质）有关，而不信任则与强烈负性情绪（如杏仁核）和损失恐惧（脑岛皮质）有关。Riedl 等（2010）也发现不值得信赖卖家的报价激活了参与不确定性加工的脑岛皮质。面孔信赖性的研究也发现了前脑岛与不值得信赖面孔知觉有关（Kragel et al.，2015）。

Kragel 等（2015）探讨了青春期内面孔信赖性评价的发展，发现不值得信赖面孔诱发了杏仁核和前脑岛的显著激活，而且这种效应在青春期中期达到峰值。信任博弈的研究则发现了前脑岛参与信任决策的证据（Aimone et al.，2014；Kang et al.，2011）。Kang 等（2011）在两项实验中要求被试接触寒冷或温暖的包裹，并完成一项经济信任博弈任务，以探讨物理温度对信任行为及其大脑活动的影响。研究发现寒冷温度条件下的被试比温暖温度条件下的被试表现出更少的人际信任；前脑岛激活能够调节物理寒冷温度对信任决策的影响，表现为事先接触寒冷温度后，个体在信任决策阶段中具有更强烈的前脑岛激活。Aimone 等（2014）对实验条件进行了更为严格的控制，要求被试完成与电脑或人类同伴互动的博弈任务，研究结果发现与电脑互动时的信任选择率显著高于与人类同伴互动，证实了背叛厌恶对被试信任决策的影响；信任决策时人类同伴互动比电脑互动诱发更明显的右侧脑岛激活，而不信任决策时两种互动条件所诱发的脑岛激活无显著差异，表明脑岛可能反映了与背叛厌恶相联系的负性情绪加工过程。

（五）其他脑区

除了上述四个重点强调的脑区外，学者发现其他脑区可能也参与信任行为。例如，信任行为涉及推测他人信念与意图，进而预期对方行为选择的脑区还包括颞顶联合处（Fett et al.，2014；Krueger et al.，2008a）。例如，Krueger 等（2008a）借助 fMRI 技术和信任博弈任务探讨了经济博弈中信任与互惠行为的神经机制，发现信任决策比互惠决策诱发了更显著的右侧颞顶联合处激活，而右侧颞顶联合处与观点选择和心理推理等社会认知功能存在密切联系（Wang et al.，2010，Wang et al.，2015；Wang et al.，2011），这种结果表明了心理推理加工在信任决策中的重要作用。Fett 等（2014）要求四个年龄组被试分别与合作性同伴及不公平同伴完成信任博弈，试图检验青春期到成年期之间信任与合作行为的发展模式，结果发现随着年龄的增长，个体的信任水平及对负性社会信号的敏感性逐渐增加；包括 TPJ、后扣带回和楔前叶在内的心理推理脑区活动随年龄增加的结果也支持这种行为变化。Gromann 等（2013）要求非情感性精神病患者和健康成人分别与合作性及欺骗性同伴完成信任博弈，旨在探讨非情感性精神病患者信任缺乏的神经机制，结果发现健康成人在两种博弈任务中 TPJ 激活水平均显著高于非情感性精神病患者；欺骗性互动中 TPJ 激活水平与非情感性精神病患者的阳性症状得分存在显著正相关。另外，一些信任研究也发现了认知控制脑区的参与。例如，随着年龄的增长，与不公平同伴互动导致的前扣带回（anterior cingulate cortex，ACC）激活越来越强烈（Fett et al.，2014）。普遍认为 ACC 与冲突监控和行为调整有关（Kerns et al.，2004），因此不公平互动中 ACC 随年龄变化的激活模式可能反映了合作预期与经验到的社会反馈之间的冲突。另外，背外侧前额叶（dorsolateral prefrontal cortex，DLPFC）等参与认知控制的脑区在信任相关决策中同样起着重要作用。当采用重复性经颅磁刺激（repetitive transcranial magneticstimulation，rTMS）抑制右侧 DLPFC 后，被试在信任博弈中建立良好声誉的能力会受到削弱，即使此时被试能够正常感知形成声誉的公平原则及其长远利益（Knoch et al.，2009）。

二、神经递质

（一）催产素

催产素（oxytocin，OT）是脑下垂体后叶荷尔蒙的一种，它可以降低焦虑、恐惧感，提高安全感和信任感。研究表明诸多激素与个体的社会偏好有关，特别是 OT。这也进一步佐证了社会偏好理论对经济信任具有强有力的解释作用。越来越多的研究表明，OT 能够提高信任博弈中人们的信任水平。为了进一步确认 OT 对经济信任的影响，Baumgartner 等（2008）在实验中将被试分为 OT 组和对照组，结果发现，相比于对照组，OT 组的投资人更愿意将资金投资给受托人，表现出更高的经济信任水平，这说明 OT 促进了人们之间的经济信任。也有实验发现 OT 组的被试比对照组的被试多表现出 44 次信任行为。而且，对信任形成过程的影像学研究表明在这一过程中与恐惧相关的脑区（如杏仁核）激活减弱，这表明 OT 增加信任的原因之一可能是 OT 能够降低人的恐惧感（Kirsch et al.，2005）。

（二）睾酮

睾酮（testosterone）属于类固醇激素，是主要的雄性激素，它的受体几乎遍布所有有核细胞，而且它对个体的身体和心理产生广泛影响，如大脑发育、第二性征和攻击行为等。研究睾酮的方法主要包括睾酮水平化验、胎儿期睾酮和药物操纵。有人发现在经济信任博弈中，睾酮使投资者变得更加不信任受托人，且提高了投资标准。与之相反的是，睾酮使得受托人的返还数额增加，且变得更加值得信赖。目前有关睾酮与经济信任关系的研究相对较少。现有研究表明，睾酮水平越高的男性注视愤怒面孔时杏仁核的激活也越强，也就是说睾酮水平影响杏仁核的激活程度。因此，未来的研究应结合先进的脑成像技术进一步考察与经济信任相关的脑区结构和激素各自的作用及相互间的联系。

第六章

信任影响合作的心理机制

第一节　信任与合作的关系辨析

一、信任不是合作

祖克尔（1986）较早将信任引入社会困境的研究，发现信任能够影响参与者的合作行为。通过对囚徒困境中信任的考察，以双方合作与否来反映信任的有无，信任程度会随着实验条件的改变而改变。在这种情况下，将信任看作一个由外界刺激决定的因变量，将信任等同于合作，有合作就有信任，没有合作就没有信任。

信任博弈是在信任研究过程中为解决这个问题而提出来的一种序列的博弈情境，是对囚徒困境的修正，目前已成为信任研究的范式。信任等于合作，在信任博弈中得到充分的表达。信任博弈作为社会困境的一个研究范式，使信任这个内在的心理活动，可以通过外显的合作行为，得以呈现和测量。信任博弈中，信任与合作在操作性定义上是一回事，如果我信任你，那么我将代币交给你，表现出我与你合作；反之，我不信任你，则保留代币，不与你合作。

信任对于合作的重要性已经得到了学者的认可，在个体行为、群体行为和组织行为中也是重要的影响因素。早期的信任研究往往将信任与合作混为一谈，在测量指标上并不进行区分，实际上，后期的许多研究都证实，信任与合作并不是总保持一致。同时有研究表明，信任水平低的被试也可能合作，合作水平高的被试信任水平也不一定就很高。可以说，区分并且采用不同的方式测量信任与合作行为的研究非常重要。

通过功能性磁共振成像的研究，研究者发现人们对他人面部信任的评估与杏仁核和脑岛的激活有着密切的关系，特别是当对他人面部的不信任程度增加时，这些脑区会被更大程度地激活。这表明这两个脑区对不信任的面部表情更加敏感。然而，也有研究表明，合作者更易激活与社会情绪有关的脑区，如杏仁核和脑岛。这表明相比不信任，信任更易激活这两个脑区。虽然两者都认为经济信任与杏仁核及脑岛的激活有关，但一种观点认为信任水平降低时更易激活杏仁核和脑岛，另一种则得出相反的结论。前者的研究针对的是对他人面部信任评估时相关脑区的激活情况，而后者探讨的则是合作者的脑区激活情况。研究内容的不同可能是导致学者得出不同结论的原因。此外，合作的选择行为并不等同于合作心理，也不等同于一定有信任存在。因为有的合作者之所以选择合作并非出于对对方的信任，而是怕不合作会遭到对方的报复，抑或是合作者本身就具有合作的倾向，即无论对方是谁他都会选择合作。合作者的杏仁核和脑岛更易激活并不完全等同于信任水平高时杏仁核和脑岛更易激活。关于杏仁核与脑岛的激活与经济信任水平之间究竟是正相关还是负相关还有待于进一步证实。

合作与信任是两个不同的概念。合作是决策的结果，具有直观性；而信任是伴随决策过程的一种态度，具有内隐性。应该说，两者之间表现出合作行为可以推测两者之间可能存在信任，但这不等同于一定有信任存在。例如，人心情愉快会微笑，但是有时候是出于社交需要而微笑，并不是真的心情愉快。在逻辑推理过程中，有充分条件和必要条件之说，信任是合作的充分条件，而不是必要条件，即较高的信任程度引发较高的合作，较低的信任程度引发较低的合作；但是高合作有可能伴随高的信任程度，也可能伴随低的信任程度。

二、信任促进合作

囚徒困境的基本结构是一个 2×2 的利益矩阵，这实际上也是一个信任的困境，如果囚徒甲采取信任行为而囚徒乙没有，那么甲将承担信任的代价，不仅如此，这次损失会打击甲对合作的信心，在类似的情景下可能不愿意再采取信任行为。相反，若甲没有采取信任行为，而乙采取了，那么甲将使自己的名誉受损，被认为是一个没有信用的人，从此就被贴上不值得信任的标签，丧失了一切潜在机会和收益。也就是说，在囚徒困境中，甲和乙都面临着一个信任的困境，这个困境产生的一个前提条件就是甲和乙无法进行信息的沟通，个体的信任决策面临着风险和不确定性，信任的结果可能是另一方回报信任所得到的收益，也可能是另一方背信造成的损失。

信任的心理学研究为社会困境的合作研究提供了另一种观点，即害怕被利用的背后实际上体现了参与者对对方信任的缺失。在认识到这个困境后，学者认为，在这样一种情境下，信任发挥着突出的作用。参与人之间的信任可以增加合作的机会，一旦参与人之间的信任遭到破坏，那么个人利益和群体利益必将无法继续。

信任作为一种精神资源，反映了人与人之间的某种心理契约，具有丰富的情感内涵。它能降低合作的成本，是合作关系的心理基础，是社会系统的润滑剂，是预测经济成功的指标。信任变得越来越重要，是基于信任与合作有着密不可分的关联，信任与合作、互惠、风险三个概念常常同时出现；Yamagishi 等（2013）研究表明合作很大程度是建立在个人对群体其他成员期望的基础上，也就是说，信任其他成员也会采取相同的合作行为，信任另一方不会利用自己的弱点。合作常常能得到互惠的结果，而在信息交流不畅、信息不充分的条件下进行合作决策，互惠具有不确定性，这使信任总是面临着一定的风险。可以说，人们对未来持续合作关系的期待，维持着对他人行为的信任。

三、合作增加可信赖

信任在社会困境中的重要性显而易见，但社会困境中的信任常常会变得模糊不清，存在很多的不确定性。比如，由于大规模的组织和结构的复杂性，个体没有机会参与增长和重复的交流，而这种交流表明更亲密的情境有利于信任的发展。同样，在小的同质性群体中，交流可以促进信任与合作的发展，但在大的组织和社会多样性的环境中却失效了。

个体的合作意愿是依据群体中的其他人将会采取同样的行动而发生的。社会困境中，群体无法确认和回报每一个合作行为，也不能预测和惩罚每一个不合作行为。因此，成功的合作至少部分依赖于个体主动采取促成群体目标的行为的意愿。虽然大多数人意识到，不与他人合作可能会产生大家都不期望的结果，但他们也认识到孤立的合作行为不可能对集体的后果有太大的影响。而且，单方面的合作行为的代价可能非常高，因为合作者承担了合作的所有重担，而利益却是所有人共享。当个人不确定其他人会回报自己的合作行为时，合作决策将很难继续进行。

在重复性或者多次的行为博弈中，参与人的决策会受到上一次或者之前的决策的影响。在前面的决策中，如果合作次数多于不合作次数，那么参与人会增强对其他参与人的信任，如果前面的合作次数少于不合作次数，那么参与人会降低对其他参与人的信任，形成良性循环或者恶性循环。这样看来，合作对信任有促进作用。

有研究者认为信任包括过程信任、特征信任、制度信任。显而易见，对违反公认社会道德规范的惩罚逐渐演变成一种社会制度，如监狱制度、法律法规等，这使得人与人之间协作共存成为可能，可以说，依靠惩罚系统推动人类协作共存的信任是一种来源于制度的信任。对破坏社会成员之间信任关系的行为予以惩罚，惩罚的存在强调社会成员之间的信任承诺是必须遵守的。正如罗尔斯所说，“在正常情况下，公认和信任总是不可分的。所以，即使在一个公正的社会中，承认某种限制性安排以确保对正义原则的服从是合理的，但是它们的主要目的是保证公民们的相互信任不致落空”（约翰·罗尔斯，2009）。从惩罚与信任的关系来看，惩罚改变了人们的决策动机，它虽然减弱了基于内在的合作动机（即人性本善的积极合作态度），但是增强了外在的合作动机（即来源于对制度的信任）。因此，笔者认为，惩罚对合作的影响作用在于惩罚增强了信任内涵中的制度信任部分，从而增加合作机会。

一旦设立惩罚条件，惩罚对公平互惠规则的强制性，使人们的合作维持在较高水平。此时人与人之间的信任建立在外在的惩罚条件上，不难推测双方的合作意愿是基于害怕受到惩罚，而不是本意如此。对每个参与人而言，虽然不知道该不该相信对方，但是都相信惩罚制度。这样，传统的人际信任转变为制度信任，人们不再花时间和精力来了解彼此的其他个人信息，而将重点放在制度是否健全，是不是有漏洞可钻上面。人们不愿意去信任某个具体的人，而是去信任某种制度。若惩罚制度成为人与人之间信任的基础，那么惩罚制度就很难被撤销了，若撤销惩罚，彼此之间的人际信任早已不复存在，制度信任的基础又消失殆尽，那么人与人之间的合作信任就很难维持，甚至低于在惩罚制度之前的初始状态。

第二节 信任促进合作的心理机制

一、二元互动模型

只有在了解个体及其搭档在每一个变量上的情况下，信任关系的发展才能被解释。个体的人格特质、个体所知觉到的对对方的初始信任和安全感会影响个体是否选择进入信任诊断情境中，处于诊断情境中的个体的动机转换会影响他们是否愿意做出对双方都有利的决策。如果双方都做出了积极的决策，就会激发个体对对方积极的归因、积极的情绪体验，以及对未来互动的积极期望，反过来又会影响个体知觉到的对对方的信任和安全感。

二元互动模型整合了信任研究的人格特质和人际关系视角的观点，着重考察了互动双方的性格特征、人际因素及其相互影响在信任关系建立与发展过程中的重要作用，但它并没有说明这些因素是如何相互作用的，而且这一模型仅考虑了单一信任诊断情境中信任发展的影响因素，而信任关系的建立与发展则是一个持续的互动过程，它会随着时间的变化而变化，这正是信任的理性选择模型所考虑的。

Simpson（2007）通过对人际信任领域的研究文献的回顾，在此基础上提出了信任关系发展的二元互动模型（图 6-1）。这一模型既包含了影响信任发展的常规变量，又包含了个体差异变量。常规变量包括初始信任、动机转换、联合决策、归因、情绪、期望、知觉到的信任和知觉到的安全感；个体差异变量则包括互动双方的依恋倾向、自尊、自我差异及其与常规变量的交互作用。

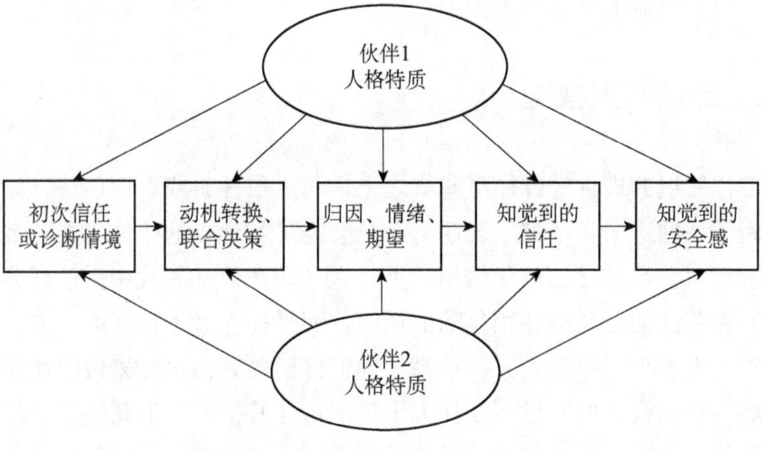

图 6-1　信任关系发展的二元互动模型（Simpson，2007）

二、理性选择模型

信任发展的理性选择模型在组织科学中居于主导地位，它认为信任随着积极互动的累积而发展。随着双方关系的渐进发展，人们对对方的可信赖程度的信心也逐渐上升，然后处于关系中的双方开始愿意冒更大的风险。每一次积极的行动都会增强对方所知觉到的可信赖程度，随着互动的继续，后来的积极信息的影响就逐渐变小。因此，根据信任发展的理性选择模型，信任的发展过程就像一条经典的S形曲线，随着信任关系中双方愿意承受的风险程度的增强，相互之间的信任水平也逐渐提高。

在这一过程中随着双方对对方可信赖程度的积极预期，互惠行为会迅速促进双方信任关系的发展。最后，当双方之间的信任水平达到一个较高程度的时候，继续发展的空间变小，信任发展的速度也会变慢。然而，理性选择模型假设信任会随着双方的信任行为所带来的互惠结果而发展，它假设关系中的双方会理解信任发展的过程及其所存在的风险并谨慎地做出信任行为，并且它还假设关系中的双方对信任关系发展过程的预期是相似的。

然而，互动中的双方可能从不同的角度来看待对方的选择，他们对对方的知觉和归因也可能受到自利归因等因素的影响。信任发展的理性发展模型很难解释在信任关系发展早期所出现的高风险的信任行为，而最近的研究表明这类行为是很常见的，人们的信任行为并不是完全理性的，正是在此基础上，研究者提出了信任发展的动机归因模型。

三、动机归因模型

在信任发展的理性选择模型基础之上，对“信任游戏”中信任行为和回报反应之间关系的进一步研究，表明处于社会经济互动中的个体可能从他们自己独特的视角来看待潜在的信任情境。委托人（即在信任游戏中先信任其搭档的那一方）先关注的是与信任相伴随的风险，而受托人（被信任的一方，即那些决定给委托人多少回报的人）则是基于他们自己的获益水平来做出决策。具体来说，当风险比较低的时候，委托人更可能信任其搭档，但是他们信任其搭档的可能性并不取决于信任能够提供给受托人的收益水平；同样，当受托人的收益水平高的时候他们可能给予委托人较多的回报，但这并不取决于委托人所面临的风险水平。信任游戏中的双方对影响自己搭档的决策因素都很不敏感，委托人低估了他们提供给对方的收益水平对对方做出回报决策的影响，而受托人则低估了他们所提供的回报对委托人随后的信任行为的影响。

学者通过问卷调查进行的检核进一步证实了这一结论：信任游戏中的双方从截然不同的视角来看待他们的互动。在此基础上提出了一个新的信任发展模型——动机归因模型。这一模型建立在两个基本的观点之上：处于潜在的信任关系中的各方可能以不同的方式看待他们之间的互动；他们对对方行为的归因是自利驱动的，而且在很大程度上受到他们依赖情感的影响。

这一模型特别关注依赖在可信任性动机归因中的作用。例如，人们通过将其他人知觉为可信赖的人来减轻与依赖相关联的焦虑。与主流的理性选择模型的解释相反，这一模型能够很好地解释为什么信任者经常表现出高度的、看起来非理性的信任行为，以及为什么这些行为（即使面临巨大的风险）对信任关系的发展是重要的。

这一新的模型从归因的角度来考察人们在信任情境中的选择，既能很好地解释传统的理性选择模型的数据，又能够解释那些看起来非理性的信任行为，从而扩展了关于归因过程在信任发展过程中的重要作用的研究。然而，信任作为社会互动的纽带和结果，这一模型并没有解释信任知觉如何变得具有互惠性、信任和合作的关系，以及信任和合作如何随着社会互动的发展而发展，而这正是信任发展的可信赖程度—合作双螺旋模型所关注的。

四、可信赖程度—合作双螺旋模型

通过对影响信任发展的各因素的研究 Ferrin 和 Bligh（2008）提出了信任发展的可信赖程度—合作双螺旋模型。根据这一模型，信任与合作是相互依赖的，类似于生物学中的双螺旋结构。在这一模型中，个体对他人的信任知觉会（通过影响自己所表现出的合作行为）间接地影响他人对自己的信任知觉，个体对他人所表现出的合作行为，会（通过影响他人对自己信任知觉）间接地影响他人对自己表现出的合作行为。

在首次互动中，行动者对其搭档的可信赖程度的知觉导致他（她）对其搭档表现出合作行为，搭档观察到行动者的合作行为，并因此认为行动者更加可信。同时，搭档对行动者的信任程度的知觉又会使他（她）对行动者表现出合作行为，这又反过来导致行动者认为其搭档更加可信。因此，在一次互动结束的时候，行动者及其搭档已经发展出更高程度的相互信任知觉，他们也变得比以前更加愿意合作。他们在这一次互动过程中所形成的对对方的可信赖程度知觉就成了他们在后来互动过程中相互信任的基础，因而会使他们更加愿意合作。

如果双方继续保持良性互动，他们之间的信任和合作就会像双螺旋一样继续发展。总而言之，就像两个人才能跳探戈舞一样，互相信任和合作的发展就像一种随着时间的推移而呈螺旋变化的复杂舞蹈，并且搭档双方的“初始舞步”对其具有重要影响。尽管学者早就认识到信任与合作之间存在密切的关系，却没有相关的实证研究，可信赖程度—合作双螺旋模型的提出为探讨信任与合作之间的复杂关系提供了新的机会。当然，要深入了解搭档双方的相互依赖以及发展变化对信任与合作发展这一“复杂舞蹈”的影响，仍需要进一步的研究。

第七章

惩罚的概念、类型、理论与作用

第一节　惩罚的概念

《辞海》中“惩”指“戒止”“惩罚”；“罚”指“处分犯罪或犯规的人”，如惩罚、处罚、罚球；“惩罚”与“惩戒”是同义词，意即“惩治过错，警戒将来”。一般来说，惩罚既表达了惩罚者的个人感受和意愿，又能对被惩罚者产生威慑作用，因此，“惩罚”一词既具有动词的特点，是一种施加的措施，同时也具有名词的特点，即受到的惩罚结果，施加惩罚和承担惩罚将惩罚者和被惩罚者联系在一起，惩罚表达的是这两者之间的一种相互关系，无法分离。

王立峰（2006）认为惩罚具有以下特征：①惩罚意味着施加某种东西，这种东西对被惩罚者来说被假定为不受欢迎的东西，如酷刑带来的肉体痛苦；②惩罚是由人故意施加的，施加是有根据和理由的；③在社会、家庭或者组织成员看来，惩罚的施加者有权利施加惩罚；④惩罚的理由是某个行为（包括作为和不作为）违反了法律、规则或者习惯；⑤被惩罚者从事了某个自愿性行为，或者至少惩罚者是这样认为的；⑥惩罚者实施惩罚的理由是正当的；⑦一种措施是不是惩罚，取决于惩罚者的信仰或意图，而不需考虑被惩罚者的信仰或意图。

心理学研究中，行为主义用强化与惩罚来解释刺激和反应之间的联结，强化理论将强化分为正强化和负强化，惩罚分为正惩罚和负惩罚。正强化是给予一个好刺激，负强化是去掉一个坏刺激；正惩罚是施加一个坏刺激，负惩罚是去掉一个好刺激。心理学实验操作中的惩罚与制裁具有相同的内涵，使用的惩罚方式是正惩罚，即通过减少一定数量的收益来实现惩罚。惩罚作为可以人为操作的变量，具有多样化的形式和实施方案。

第二节　惩罚的类型

目前，用公共物品两难研究来探寻惩罚与合作的关系，主要表现为这样三种模式：①简单比较实验组和控制组，一组给予惩罚，一组没有惩罚；②“移开惩罚”范式，即实验组包括两个阶段，增加一个移开制裁的阶段；③有代价惩罚机制。并且，Carpenter（2007）根据参与人的捐献情况和对待惩罚的态度，将惩罚者分为五种基本类型（punisher type）：①采取“搭便车”行为并惩罚合作，即原则性的“搭便车”者（principled free rider）；②采取“搭便车”行为，不惩罚；③采取“搭便车”行为并惩罚“搭便车”者，即伪善的“搭便车”者（hypocritical free rider）；④合作，不惩罚；⑤合作并惩罚“搭便车”行为，即原则性的合作者（principled cooperator）。

社会两难博弈实验中，根据惩罚的操作方式，可以将惩罚进行以下分类：①根据由谁来实施惩罚，将惩罚分为第一方惩罚（first-party punishment）、第二方惩罚（second-party punishment）与第三方惩罚（third-party punishment）；②根据惩罚的条件，将惩罚分为有代价惩罚（costly punishment）与无代价惩罚（free punishment）；③根据惩罚的结果，将惩罚分为利他惩罚（altruism punishment）、利己惩罚（selfish punishment）和反社会惩罚（antisocial punishment）。

一、第一方惩罚、第二方惩罚与第三方惩罚

公共物品博弈中的 n 个参与人，如果在某个交易中，有一位参与人违背交易的潜规则，损害了参与交易的另一当事人的利益，那么违反规则的参与人被称为“第一方”，被欺骗的当事人被称为“第二方”，而知道这个欺骗过程，并没有卷入交易的其他人被称为“第三方”。

第一方惩罚是指个人内在的自我惩罚，个体违背群体规范将导致内心的不安，Gintis（2008）认为偏离社会规范会受到内在的心理因素惩罚，如内疚感和羞愧感。第二方惩罚是指被利用或被欺骗的受伤害者对背信者的惩罚，最具代表性的例子是最后通牒博弈。第三方惩罚是指由没有受到伤害的旁观者来实施的对背信者的惩罚，具有道德正义感，也有人称为“良知”。

Fehr（2004）的研究发现，由第二方执行的惩罚力度大于第三方惩罚的力度，大约有 2/3 的第三方愿意惩罚违反公平和合作的参与人，第三方惩罚的存在说明人们愿意维护社会规范，目睹他人破坏规范会引发个人的消极情绪和影响对公平的判断。

二、有代价惩罚与无代价惩罚

有代价惩罚是指参与人愿意付出个人的收益作为代价，来惩罚其他参与人。例如，个人支付 n 个代币，就可以减少其他人的收益。它具有以下三个操作性特征：①是一种个人自愿的行为模式，不受中央权威人士的干涉，不同于社会的法律法规；②个人需付出一定代价以购买惩罚权，是一种有代价的惩罚形式；③其结果是减少受惩罚对象的所得利益。研究者比较了在设置惩罚机制之前和之后的公共物品捐献，发现在设置惩罚机制之前，约十次捐献会降到一个较低的水平，并且上次比平均捐献水平高的参与人，这次捐献较少；在设置惩罚机制之后，惩罚可以使平均捐献水平保持在个人禀赋的一半以上，在高捐献情境下，几乎没有人继续使用惩罚。最后该实验证实：①存在着有代价惩罚；②惩罚对维持合作具有效力；③在匿名情境中不包含第三方自发的惩罚。

在明确有代价惩罚的概念之前，惩罚通常是指无代价的惩罚方式，即惩罚者不需要付出个人禀赋，就可以减少“搭便车”者的收益。例如，高捐献者不需要付出任何代价，自由决定是否对背信者实施惩罚及惩罚力度。然而有代价的惩罚方式掀起了公共物品两难中惩罚研究的新高潮，在此后惩罚研究中，有代价惩罚成为主要的惩罚方式。

三、利他惩罚、利己惩罚与反社会惩罚

（一）利他惩罚

利他惩罚是一种对不合作行为的惩罚，由有代价惩罚方式演化而来，是指即使彼此只有一次合作机会，个人仍愿意付出一定的代价惩罚“搭便车”行为。Fehr 和 Gächter（2003）的实证研究发现，无论是单次还是多次公共物品博弈，人们都愿意付出代价以惩罚那些违反合作规范的背信者，表现出一种利他惩罚的倾向。利他惩罚的假设得到神经科学的支持，被试可以真正地，或者只是象征性地惩罚背信者（真正的惩罚可以减少背信者的盈利，象征性的惩罚不会损害背信者的盈利）。当被试得知背信者滥用自己的信任而决定惩罚时，扫描被试的脑部。Dominique 等（2004）的研究结果表明，真正的惩罚比象征性的惩罚更强烈地激活尾核与壳核，人类自激励机制的行为是由中脑

系统的尾核与壳核来执行的，尾核与壳核的激活说明对违背规范的惩罚本身能让人感到满意。利他惩罚作为解释合作进化的一种惩罚形式，得到学者广泛的认可。

（二）利己惩罚

利己惩罚（selfish punishment）是“搭便车”者对“搭便车”者的惩罚。有些学者认为人们喜欢惩罚欺骗者，同样也喜欢欺骗，这种伪善的有代价惩罚使惩罚行为变成有策略性的行为。因为欺骗者减少团体中每个人的适切性，包括其他欺骗者，所以欺骗者有很强烈的除掉其他欺骗者的超过互惠的动机，“贼喊捉贼”暗示着没有人比骗子更能发现骗子，因此在骗子之间存在相关竞争。骗子有技巧来发现和识别其他骗子，他们可能对行骗的策略更为熟悉而且具有丰富的斗争经验。所以，惩罚与利他是无关的。一个极端的利他主义者可能是有能力的欺骗者或排斥其他骗子而成为极端的骗子。持这种观点的学者假定惩罚是利己的策略在起作用，欺骗者为了他们自身的利益，维持和保护“合作羊群”，惩罚“搭便车”者，认为利己惩罚比利他惩罚更能解释利他的发展，利他能得到维持是基于欺骗者之间的竞争。

（三）反社会惩罚

反社会惩罚（antisocial punishment）是指个人不惩罚“搭便车”者，而是惩罚那些表现出亲社会合作行为的人。研究者在比较了世界范围内十六种不同文化下的被试群体，发现反社会惩罚是一个跨社会变量（cross-societal variation），在一些被试群体中，反社会惩罚的力量如此强大，以至于能抵消惩罚对合作的增强效果。同时，研究者也发现公民合作规范和国家法制水平可以很好地预测反社会惩罚，只有当惩罚作为社会合作规范的补充时，惩罚才有利于社会。反社会惩罚的存在可能基于不愿意接受惩罚而伺机“以牙还牙”的复仇心理。并且，在目前的实验设计中，惩罚者付出的代价和被惩罚者的损失是不对等的，惩罚者占优势，被惩罚者损失得更多，对给予自己惩罚的报复就成为反社会惩罚的动机。Nikiforakis（2008）研究发现，有近 1/4 的被试会对惩罚给予报复，并且反社会惩罚对合作极具破坏性。反社会惩罚对惩罚的报复和威胁，会削弱合作者惩罚“搭便车”者的愿望，最终导致合作的崩溃。

第三节　惩罚的理论

一、正当性理论

惩罚通过效用理论（utility theory）和报应理论（retribution theory）在哲学上来论证其存在的价值，即使用惩罚是正当的。效用理论是功利主义的惩罚思想，代表人物是边沁和罗尔斯，认为惩罚通过改变个人成本—收益的计算权衡来威慑潜在的背信者，对于利己的个人来说，当他从公共物品中获得的收益超过他为群体提供公共物品成本的时候，他就会为整个群体提供公共物品。理性人追求个人效用的最大化和群体利益的均衡，从而保证了双方的利益，相对惩罚而言，合作是一个占优的选择。边沁认为，所有惩罚都是损害，所有惩罚本身都是恶，根据功利原理，如果允许惩罚，那只能是因为惩罚可以排除某种更大的恶（转引自王立峰，2006）。惩罚不仅具有阻止、改造和威慑背信行为的作用，而且对背信者的惩罚具有谴责和示范效应，即如果其他人做出类似的背信行为，就要受到惩罚，体现了惩罚的威慑力，阻止再犯背信行为，所以惩罚是正当的。

报应理论则认为惩罚不在于它能取得什么好的结果，而在于惩罚是被惩罚者应得的，仅仅是一种报应，惩罚是面对破坏规则理所当然的反应，不关注惩罚任何功利的后果，代表人物是康德和黑格尔。康德指出惩罚在任何情况下，必须只是由于一个人已经犯了一种罪行才加刑于他（王立峰，2006）。根据罪行的邪恶程度（主要包括根据背信造成伤害的大小、背信的意图等）来给予一定量度的惩罚，这在道德上是恰当的，是为了维护人类的正义，所以惩罚是必需的、合理的。关于惩罚正当性的哲学探讨，无论是效用理论还是报应理论基本都遵循了理性的原则，认为惩罚具有正义品质。

二、道德情感理论

道德情感理论（moral sentiment model）认为惩罚是人们面对不公平现象时一种自发的、自然的情绪反应，如愤怒、报复等。亚当·斯密提出人性中具有一种同情的能力，“将心比心”被认为是道德情感中的黄金定律，即一些事情我不能对别人做，因而推测别人也不会对我这样做，即人类先天具有亲社会性，使得人们在面临物质利益冲突的情形下仍然考虑道德要求，如诚实、同情、可信赖、体谅和忠诚，这些道德倾向可以缓和对于利己的考虑。例如，人们常常认为低捐献者是利己的人，他们在被惩罚后增加捐赠是为了避免以后的惩罚，但很多低捐献者对象征性的惩罚也做出了反应，这表明他们可能不是利己的，而是为避免因利用或者违反捐献规则感到羞愧，所以增加捐献。

惩罚是愤怒的结果，或者是类似于愤怒的某种情绪的结果。道德情感理论认为他人的不合作行为不仅伤害了“我”的利益，还违反了公认的社会道德规范。人们认为在捐献条件下公平利他是应当服从的规则，利己行为会招致惩罚。对“搭便车”者的惩罚是因为他们对公平规则的违背让其他个体感到被利用，从而产生愤怒情绪，愤怒是一种合作者对背信者的消极情绪，是惩罚的最近的机制。不平等厌恶通过惩罚行为减少不公平，仍可以增加自身的效用，因此，若高捐献者十分反对不平等，即使惩罚的成本可能超过了惩罚者自己的所有，高捐献者也将惩罚低捐献者。

三、文化基因协同进化理论

惩罚是通过社会学习获得的一种文化适应行为，符合文化基因协同进化（coevolution）的规律。文化基因协同进化理论包括社会学习理论和“昂贵的信号传递理论”（costly signaling model）。社会学习过程中的遵奉传播（conformist transmission）能建立惩罚，人类不只是简单地模仿他们的父母，也不是随意模仿他人，而是使用社会学习规则，“复制成功”（copy the successful）和“复制大多数”（copy the majority），即复制最成功的个人和人群中最频繁的行为。一旦惩罚与合作的关系建立，它能通过进化机制——团体选择的方式被广泛传播。例如，一个稳定合作均衡环境的团体更具有竞争力，处于占优地位，那么占优就会使惩罚与合作的行为扩散到个人层面，导致更多的复制与模仿，引发基因上亲社会行为的增加、扩散，文化基因协同进化减少个人适应环境的成本，是一个低成本高效率的方法，通过社会学习高效地获得适应性行为。

生物学中“昂贵的信号传递理论”通过考察行为传递的信息解释了明显的非适应性的行为或突变。例如，雄性动物总是发展出一些看起来像是缺陷的生理特征，缺陷传达给其他雌性的信息是，该雄性如此强壮以至于它能承受这种负担。参与人认为惩罚也和捐献一样，具有信号传递的功能，似乎能意识到他们选择的信号能够传递信息，并且接受者从信号中做出推理。个人愿意较多捐献提供了“合作”的信号，反社会惩罚提供了“反社会报复”的信号。那些不实施惩罚的高捐献者可能被识别为一个“好人”，并得到相对高的回报。同时，惩罚也可以被看成是相互不信任的信号，或者是造成了彼此间的敌对气氛，从而减少合作机会。惩罚作为一种可识别信号，降低了人际关系中交互作用信息交易的成本。那么，这种行为很快就会被人们复制、模仿、传播和稳定下来。所以，文化基因协同进化理论也为惩罚提供了一种合理的解释。

综上所述，对惩罚存在的必要性和合理性，不同学科提出的理论各有千秋，可以说惩罚的存在已毋庸置疑，但它与人类本能、理性与情感之间的关系仍有待实证研究来证实。

第四节　惩罚的作用

一、情绪表达的需要

新行为主义者托尔曼认为自变量和因变量之间的关系不是“刺激—反应”那么简单，二者之间还存在一系列不能被直接观察到的，但是可以根据引起行为的先行条件及最终的行为结果本身推断出来的中间变量，它们是实际决定行为的因素，即“刺激—中间变量—反应”。

惩罚是一种表达情感的社会制度，不仅表达社会价值，也释放心理情绪。在社会两难决策过程中，其他参与人的行为能引发当事人的情绪反应。情绪反应是预测当事人行为的有力指标，当一方感到被欺骗、被利用、被误解，或者受到其他不公平对待时，参与人表现出焦虑、愤怒，或者是其他强烈的消极情绪，这些情绪必将通过一些行为表现出来。例如，在资源两难中参与人发现平等被视为一条非常重要的一致性法则，若一个团体有 5 个成员，共同拥有 500 个代币，每个代币代表一定金额的钱数，那么每个成员都认为自己应该得到总数的 1/5，即 100 个代币，成员认为他们的行为应遵循平均分配的规则（equal division rule）。人们认为平等法则是简单的、高效的或是公平的。那么，当平等法则被违背时，人们表现出生气、恼怒，或者是其他一些与行为目标有关的情绪，在这种情绪的推动下，人们往往会寻求合理的解释，或者对违背这些潜规则的人进行惩罚，以缓解或消除消极的情绪反应。

学者王立峰（2006）提出："愤恨是惩罚的心理基础。愤恨是受害者自尊的表现，基于愤恨的报应是通过施加惩罚而回复道德平衡的一种欲望，正是这种愤恨情感推动建立了法律惩罚制度。""愤恨的产生有两个条件：一是道德性条件，即侵害行为违背了公认的道德规范，而且侵害人和受害人都是认同这种规范的；二是相互性条件，即侵害人所伤害的人长期以来并没有伤害过其他人。当我们承诺遵守正义规范时，我们实际上在承诺保证不伤害他人的合理合法利益，而他人也同样向我们做出承诺。倘若他人违背了承诺而我们兑现了承诺，我们就会产生愤恨感。"

有一种观点认为愤怒可以分为：个人愤怒（personal anger）、共情愤怒（empathic anger）和道德愤恨（moral outrage）。个人愤怒是指本人受到伤害产生的愤怒；共情愤怒是指看到自己关注的他人受到伤害产生的愤怒，如母亲看见自己的孩子被伤害时会感到暴怒；道德愤恨是指当他人受到不公平的对待时感到的愤怒，即使自己对这个他人没有共情的体验，如碰到陌生人遭抢劫事件。对个人而言，无论是个人愤怒、共情愤怒还是道德愤恨都会有所体验，也就是说在面对不公平现象时，即使是那些与己无关联的他人遭受了不公平的对待，个体也会产生不满的情绪，这种不满情绪就是愤怒。一些人违反公平规范常常引起人们对这些人愤怒的反应和激起自身不愉快的道德情感，如自我的罪恶感或羞耻感。对这些情感行为的预期是对违反规范选择的一种强烈的威慑，从而导致更多个体选择可以被他人接受的均衡行为。

所以说，对个人而言，惩罚影响合作的心理过程在于：①惩罚具有情感表达的内涵，表达不满和愤怒；②惩罚具有激励作用，合作成为收益更高的选择；③惩罚具有意向作用，减少人们对他人特质的信任，增加对制度的信任；④惩罚具有威慑和教育功能，人们避免做出违规行为，以回避惩罚。因此，惩罚对合作的影响作用在于惩罚改变了人们的决策动机，惩罚通过证明公平互惠规则的正确性，增强参与人之间的信任，从而实现合作。

惩罚减弱人们内在的合作动机（即人性本善的积极合作态度），增强外在的合作动机（即来源于对制度的信任），如增强信任内涵中的制度信任部分。惩罚产生的效果表现为：当外在的合作动机大于内在的合作动机时，惩罚增强合作；当外在的合作动机小于内在的合作动机时，惩罚减弱合作。所以，在考虑是否设置惩罚条件时，参与人需要评定具体决策情境初始的动机水平和类型。如果初始的内部合作动机水平较低，引进惩罚系统能产生积极的效果；反之，亦然。从短期来看，惩罚的效果表现为惩罚改变了个人的合作动机，从道德的、伦理的动机变成计算的、交易的动机。但是从长远来看，惩罚对加强伦理道德规范也发挥着积极的作用，不仅使招人厌的行为变得没有吸引力，同时也有清晰的道德含义：表达人们对被惩罚行为的不满，表明被惩罚的行为在道德上是错误的。

二、惩罚的威慑作用

惩罚方式既表达了惩罚者个人不满意的感受，又能对被惩罚者造成利益损害，产生威慑作用，因此，惩罚既具有一箭双雕的功效，又具有社会必要性。日常用语中，“惩罚”总是与违反规则联系在一起，违反规则是惩罚的逻辑前提，背信弃义者将得到惩罚是一种必然；惩罚通过对违法行为做出报应或威慑，实现其功能。惩罚是一种次级的善（inferior good），采用惩罚是为了使人们遵守规则。在很多社会环境中，人们通过规则和惩罚来进行管理。例如，为了保障行车安全，对汽车超速进行罚款；在公共物品中，对“搭便车”行为进行惩罚以鼓励人们支付费用等。

惩罚是一种重要的方式，一种劝导人们做被视为“正确行为”的有效方式。功利主义认为，对人们不喜欢的行为实施惩罚可以阻止这些招人厌的行为，并且鼓励受人欢迎的行为，惩罚能使招人厌的行为变得没有什么吸引力。惩罚通过改变个人的利益计算以填补对个人功利的追求及共同体一般功利之间的沟壑，惩罚的功能在于对具体行为施加额外的潜在成本以威慑潜在的犯罪人，从而保证社会安全。Yamagishi（1992）和 Fehr 等（2003）的实证研究也都证实，社会两难情境中，惩罚系统能有效地增加亲社会行为。Mulder 等（2006）提出，严厉的惩罚对于加强道德规范是至关重要的，也是卓有成效的。

惩罚是一种事关社会道德和社会团结的社会制度。也就是说，社会道德的强有力联系是产生惩罚的条件；反过来，惩罚的结果维护了社会团结和道德凝聚力，加强了这种联系，因此惩罚具有道德教育的功能。为规则赋予权威的不是惩罚，而预防规则丧失权威的却是惩罚，如果允许违规行为不受惩罚，那么规则的权威就会逐渐为违规行为所侵蚀。惩罚的本质功能，不是使违规者通过痛苦来赎罪，或者威胁或恐吓可能出现的仿效者，而是维护良知，因为违规行为能够而且必然会搅乱信念中的良知，即使他们本身并没有意识到这一点，而惩罚则是向他们证明，这种信念中的良知是正当的。

三、惩罚的社会功能

惩罚对于整个社会制度建设都是有价值的，从社会层面来看，惩罚证明了社会公认的道德伦理规范和制度的正确性，对违反规范的行为具有威慑和教育作用，且提供了一种制度性的保障。

王立峰（2006）指出惩罚的社会功能体现在以下三个方面：①从社会层面来看，惩罚可以保障安全，维护社会成员之间的制度信任；②从受害人的角度来说，惩罚在于表达、发泄因为遭受非法伤害而引起的愤恨情感，这种愤恨情感也是社会共同价值所需要的；③从侵害人角度说，惩罚是一种教育，是自己改过自新、重新做人的机会。

传统经济人假设是经济学理论体系的基石，事实上，经济人假设即个人利益最大化原则，也无法完全解释和解决社会两难中的实际问题。因此，人们认为个人既有利己的动机，也有利他的愿望；既是理性的，也是感性的。所谓“复杂的决策人假设”成为行为博弈论持有的观点，行为博弈论认为人们根据实际的情境做出行为反应，这个反应过程遵循一定的规律，学者通过系列的博弈实验，可以找到这种规律性，从而进一步地解释和预测人类的行为反应。

社会困境决策时的理想状态是，参与人能考虑到个人利益和群体利益的冲突，为了实现长期目标和可持续发展，自觉遵照公平互惠的规则来做出决策，人与人之间有着较高程度的信任并表现出合作。这种理想的状态是无须类似于惩罚之类的监督制裁机制的。然而，现实状态是总有一些人不愿意遵守公平互惠规则，而是只遵循利益最大化目标，人与人之间的信任遭到破坏，表现出较低的合作或者不合作。

简而言之，惩罚是通过证明公平互惠规则的正确性，增强人际制度信任，从而保证较高水平的合作。公平、互惠、制度信任是惩罚影响合作行为的中间变量。本书持有的观点如下。

1）个体决策时，兼顾利益和公平原则。公平原则是公认的社会道德规范的核心，公认的社会道德规范是人们做出判断和决策的依据。公平、互惠、制度信任是合作的前提、起点和心理基础。

2）惩罚通过证明公认的社会道德规范的正确性来影响人们决策。惩罚既表达了惩罚者个人不满和愤怒的感受，又能对被惩罚者造成利益损害，产生威慑作用。因此，社会两难中，对背信弃义者的惩罚具有一箭双雕的功效，具有社会必要性，它通过证明公认的社会道德规范的正确性来影响人们决策。

3）值得注意的是，惩罚也是一把双刃剑：一方面，惩罚具有激励作用，为信任提供制度保证，使得信任从人际特征信任转变为制度信任，惩罚增强外在的合作动机；另一方面，惩罚具有意向作用，一经设立就很难撤销，要谨慎设立，因为撤销已存的惩罚制度，可能会导致信任水平降低，甚至低于设立之前的初始水平。

四、对惩罚的反思

人类真的能通过惩罚来管理自身吗？惩罚对维持群体内的合作是必要的，但是也要看到惩罚带来的消极作用。惩罚作为一种既可以被强制设置，也可以自愿选择的制裁方式，具有情境性。它可能是自发自觉的行为，也可能是群体协商的结果。关于惩罚的最终目的，一种常见观点认为惩罚是为了没有惩罚，当人们都遵守一些共同的价值信念行事时，惩罚就变得没有必要了，现在的惩罚是为了以后不再有惩罚；反对派则认为一致的、标准的行为模式最终只会导致人类的灭绝，惩罚作为一种有效的强制手段，积极作用和破坏性都是有目共睹的，离开具体的情境，是难以正确评价惩罚的作用的，惩罚是不会自动消失的，也不能消失。

基于惩罚机制的各项规章制度、法律法规已经成为制度建议的重要内容，但是在实施惩罚时，我们仍不禁思考：在什么程度和控制范围内，惩罚能起到最好的效果呢？人类真的能通过惩罚来管理自身吗？

从短期来看，“胡萝卜加大棒”的激励方式也许会奏效，但是这样的方法最终还是会失败的，甚至会造成持久的危害。艾恩通过大量的研究表明，其实如果用金钱、成绩或者其他激励方式诱惑人们的话，其结果适得其反。我们越是人为地用诱惑手段来激励别人，别人就越会对我们唆使他们做的事情丧失兴趣。如果奖励和惩罚成为一枚硬币的两面，那么这枚硬币便会失去其本来的意义。其实我们可能需要的是奖励和惩罚以外的管理方法和思维方式。

目前，社会科学的研究试图借鉴自然科学的研究方法，表现出强烈的数理化倾向，试图去“解释”社会现象，而不是“理解”社会现象，把行为结果归因于外在的客观因果规律，认为人类行为受某种规律的控制，认为人的行动是可以预测和控制的，把人看作客体，使其处于与其他客体之间的外部关系之中。“因果关系”是一种常见的解释视角，主要为以下三类：①人类行为由一些外在和内在的力量决定，外部原因可以是自然原因，也可以是社会原因，内在原因可能是生物或心理原因；②把因果关系称为稳定的规律，并且根据自变量和因变量之间的关系来解释人类行为，认为这种关系是由某种规律控制的（实证主义者坚持的观点）；③研究认为社会结构、规范或者角色决定人类的行为（结构功能主义者持有的观点）。只是实证主义的因果解释模型没有认识到人类行为的“自由性”和“意向性”特点。在因果解释之外，还有其他的解释和理解人类行为的观点，如现象学、释义学、社会建构论等理论观点，在科学主义之外，这些人文主义的观点无疑也是值得关注的。

叶浩生（2005）指出，在后经验主义时代里，人们对理论和经验观察的关系有了新的理解。理论不再是经验观察的附属物，相反，经验事实是被理论决定的。在不同的理论框架下，一个经验事实具有完全不同的意义。他进一步阐明，在经验主义的条件下，对理论的评价只有一个标准，那就是与经验证据相符或与经验证据的一致性。任何理论只有经过经验的验证，与事实相符有证据的支持，才具备真理的特征。所以，当代心理学的争论总是围绕着证据和方法进行。通常的情况是，各种理论观点都有自己的经验数据，都宣称自己的观点具有真理性，而对立一方的方法是错误的，数据是不可信的。双方各持己见，莫衷一是。这暴露出与经验事实的相符性作为理论评价标准的脆弱性。在后经验主义条件下，经验事实及其验证的方法本身因为都是由理论决定的，所以与经验证据的相符不再是唯一的理论评价标准。理论的评价除了简约性、概括性、紧凑性等传统的标准外，还可以考虑下列标准：概念与逻辑的标准、价值观与意识形态的标准、修辞与叙事的标准、实践与应用的标准。

第八章

惩罚影响合作的动机——信任

第一节　惩罚作用的争论

一、惩罚影响合作的两面性

（一）积极作用

Yamagishi（1992）的研究表明，惩罚系统可以有效地减少公共物品中的“搭便车”行为，提高捐献水平。Ledyard（1995）也得出相似的结论，即对个人的惩罚性措施将会极大地提高捐献量。在知道他人的投资后，允许对那些投资较少的人进行货币惩罚，投资的减少趋势能被削弱。在有惩罚的条件下，多次性博弈中的集体投资会保持稳定或者上升。并且，惩罚的大小对合作行为也有影响，强惩罚比弱惩罚更能增加或者保证人们的合作行为。

惩罚“搭便车”者可以增加两难中的合作，得到了很多研究者的支持。Ostrom（2012）的研究表明，在公共物品两难中存在惩罚系统能增强合作。Fehr 等（2002）也认为在公共物品两难中确保人们合作的有力机制是惩罚“搭便车”者。假如让被试在无惩罚和有惩罚两个公共物品情境中选择，在实验开始阶段，多数被试选择没有惩罚的系统，随着“搭便车”行为的增加，出于对被利用的厌恶，无惩罚机制下的合作逐渐减少到零。接着，面对重新选择，几乎所有被试都选择有惩罚的情境，在惩罚机制下，合作维持在一个均衡的水平。这些研究至少说明：①两难中惩罚的存在是必要的；②个人是有限理性的；③个体的惩罚意愿不一致。

Fehr（2004）认为投资保持在一个稳定的水平，是因为背信破坏了人们认同的互惠规则，大多数人有惩罚背信者的倾向，当人际关系中存在一次以上的相互作用时，惩罚成为促使他人在稍后阶段做出较高投资的动机。Yamagishi（1992）的研究表明，当群体成员之间的合作信任较少时，人们倾向于设置或者引入某种惩罚。沿着这条线索，有学者提出，在两难中惩罚能有效地增强对他人的信任和合作。Fehr 等（2008）认为，惩罚增强合作的原因有两个：①惩罚是一种强制力量，它对背信的惩罚使得背信行为成为不具吸引力的选择；②对背信行为的惩罚，增强了人们对与其他人合作的信任和期望。所以，假设人们都是理性的，总是谋求个人利益的最大化，如果两难中存在惩罚，那么经过博弈思维，他会选择合作决策，最终达到群体利益和个人利益的均衡。惩罚有利于增强群体成员的合作，这一点在公共物品两难中体现得很充分，假如没有惩罚，则会出现人人想获利而不想贡献的局面，造成公共资源的极大浪费和破坏；建立惩罚机制能协调群体成员的行为，使群体利益最大化，个人最终也能从中获益。

（二）消极作用

早期的研究表明，让被试担当监督人，监督两名下属完成一项枯燥乏味的任务，监督者对下属监督和惩罚的力度，对一个下属可以比另一个下属更大，在对“常常被监控的下属”和“几乎不被监控的下属”进行评价的实验会议上，监督者认为常常被监控的下属比很少被监控的下属工作努力的程度低。这个结果的理由符合主试的假设，主试认为被试将“常常被监控下属”的努力更多地归因为外在监督，而不是内在的努力，惩罚的效果是引起行为的直接原因。据此推断，从长远的效果来看，惩罚对合作有害无益。

在社会两难中，这意味着强加的惩罚可能影响成员间的信任水平，存在的惩罚会破坏成员间的信任。Taggar 和 Neubert（2008）的研究表明，惩罚带来知觉决策框架（perceived decisional frame）的负面效应。两难决策常常是与伦理道德息息相关的，假如决策时已经知道存在某种惩罚，人们就会认为决策是与市场交易联系在一起的，是一种市场交换，更多地精于利益计算而忽略了决策的道德伦理内涵。也就是说，惩罚改变了人们的合作动机，从道德的、伦理的动机变成计算的、交易的动机。惩罚是强制性的，强调人们必须合作，而不是自愿选择是否合作，剥夺了人们自由做出选择的权利，破坏了合作愿望，容易导致人们心理产生阻抗，从而拒绝合作。

主流的观点认为人是自私利己的，但实际上，人们具有不同程度的利他倾向，建立在公平基础上的互惠主义也是合作的原因。Fehr 等（2008）的研究提出，对自私行为的惩罚同时也会对人们的利他行为产生有害的影响。虽然惩罚的初衷是针对“搭便车”者，但是惩罚一经设置，也会对利他倾向合作者的内在合作动机造成伤害。Mulder 等（2005）的研究表明，在设置惩罚之后再移开惩罚，与刚开始就没有设置惩罚的条件相比较，前者的合作水平明显下降，这说明惩罚已经破坏了人们彼此之间的内在信任，对惩罚意向的推断能减少合作机会。他们将人们的合作动机分为两种：内在的合作动机和外在的合作动机，使用“取消惩罚”的实验范式验证了惩罚对内在的合作动机和信任有破坏的效果，认为把合作和信任完全建立在惩罚上有失偏颇，惩罚虽然增加了外在的合作动机，但减少了人们之间内在的信任，一旦取消惩罚，它对合作的破坏效果就会表现出来。

二、惩罚作用的动机性探讨

社会学学者认为，惩罚与文化有着密切的联系。这体现在两种研究取向上，一种是关注在不同社会文化下，惩罚的有效性和人们对惩罚的认同；另一种是惩罚如何体现了人类文化的变迁和演化。例如，人类从自由文化发展到制度文化的过程，正式制度文化是如何在人类社会中立足和完善起来的呢？公共物品两难提供了一种情境，在正式的第三方制度惩罚尚未建立时，个人有代价地惩罚背信者的强烈意愿，为制度文化的建立提供了一种解释。针对惩罚与制度的关系，跨文化学者提出反社会惩罚的概念，他们从 15 个国家收集数据，包括不同经济发展水平和制度建设的国家，发现反社会惩罚与社会的政治体制、人权、公民自由等制度建设呈负相关，民主水平越高，反社会惩罚越少。正式制度对不合作行为的惩罚效果是稳定的，正式制度一旦确定，合作就不再是自愿行为，更多的是一种被强制的表现，阻止不同意见或者是少数派意见的表达。Henrich 等（2006）认为，假如个人成长在一个有惩罚的环境里，会更倾向于合作。他认为惩罚首先在文化中显现出来，违反社会规范的人被惩罚，其他人的利益得到保护，促使利他心理的基因进化，有代价惩罚是建立人类合作规范、文化制度和亲社会行为可行的解释。

在探寻人类为什么合作时，Fehr 等（2008）提出利他惩罚概念。实施惩罚时，惩罚者需要付出一定的代价，比如付出成本或者减少收益，这是一种有代价的惩罚方式，即使如此，仍有很多人通过有代价的惩罚来表达自己对不合作者的不满。有代价惩罚似乎是一种利他行为，不实施惩罚的个人比惩罚者有更好的收益。利他建立在互惠的基础上，作为互惠的一种极端表现形式，对合作的进化有着重要意义。这样如何解释利他惩罚就取代了对合作的解释。

社会生态学尤其关注惩罚和利他的研究，主流的观点认为惩罚是利他的动机，也得到一些实证研究的证实，不同文化背景下遭遇不平等对待时，个人都愿意实施有代价的惩罚。从进化论来看，有代价惩罚维护了社会规则，强有力地展示了公平规则和亲社会行为的价值，表现出利他倾向，所以有代价惩罚是利他惩罚的表现形式。当社会正式的法律和法规不能提供合作行为的激励时，利他惩罚解释了为什么在遗传上没有关联的陌生人之间能维持高水平的对社会有益的合作，利他惩罚可能是合作进化中决定性的力量。不过，有学者提出对利他惩罚的质疑，因为原始社会人们生活在一个彼此熟悉的小范围内，在群体内实施匿名惩罚几乎是不可能的，所以也不可能选择学会适应这样的情境。并且，惩罚“搭便车”者付出的代价和被利用付出的代价是不对等的，这使得利他惩罚成为一个稳定的进化策略变得有些困难。另外，反社会惩罚和利己惩罚形式的存在，说明有代价惩罚的初衷可能不是利他倾向的，而是有其他的动机。

有学者认为，惩罚者惩罚“搭便车”者，虽然暂时损失了物质利益，但是获得了好的名誉，好名誉有助于利他惩罚。惩罚的最终效果不是直接减少“搭便车”者的物质利益，而是通过这种反应证明惩罚是正当的，不是为了一己私利，而是为了自己的名誉。而名誉系统的建立对个人来说是有好处的，当组内惩罚变成普遍行为时，惩罚者与不惩罚者相比较处于更不利的盈利位置，当惩罚“搭便车”者对团体来说是好的，它发出了一种信号：惩罚者是可信赖的，是愿意对团体承担义务的，是关心公平和不愿意被欺骗的。所以人们更多地信任惩罚者而不是非惩罚者。如果惩罚是可信赖的或公平的信号，那么惩罚者虽然损失了一些物质利益，但可以从那些除利己者以外的独立者那里得到好的名誉，人们更愿意与表明自己不能容忍不公平行为的人建立关系，因此惩罚者比非惩罚者能得到更具有合作意识的伙伴。实验结果表明，在利他惩罚结束后，请被试对实施利他惩罚的惩罚者进行名誉评定，惩罚者被认为是可信赖的、关注团体利益的和值得尊重的。

无论惩罚是破坏合作，还是增强合作，都表明惩罚影响合作，这种影响作用表现为两个效应：①信号效应（signaling effect），惩罚可以影响人们决策框架的类型，与道德伦理决策框架（ethical decision frame）相比较，存在的惩罚增加了市场交易结构（business frame）被唤起的可能性。②处理效应（processing effect），决策框架影响人们策略的选择，不同的决策框架导致不同的处理价值（processing value），在道德伦理决策框架中，不管惩罚的大小，合作是主要的选择，但是在交易结构中，成本收益分析过程要考虑到惩罚的大小，合作是利益比较后的选择。这两个效应表明，惩罚是增加合作行为的一种策略性的措施。

也就是说，在社会两难情境中，惩罚对合作的影响既表现为激励作用，又表现为意向作用。存在惩罚条件，惩罚的威慑作用能减少人们对不合作行为盈利的期望，让合作成为相对而言更有吸引力的选择，惩罚能增强合作，实现其激励作用。与此同时，存在的惩罚增加了市场交易决策框架被唤起的可能性，降低了基于伦理道德层面的决策归因的比例。所以，惩罚的作用体现在以下三个方面：①当惩罚的成本超过背信的收益时，人们将选择合作以避免惩罚；②当惩罚的成本低于背信的收益时，人们将支付罚款并使个人利益最大化；③当惩罚缺失时，人们将在与道德伦理有关的情境下做决策，实际情况是，极端自私的决策较少发生。

另外，针对惩罚对合作的影响作用，有两种理论来进行解释。

1）情感反应极型模型（the extreme form of emotional reaction model）。该模型认为情绪会影响行为，惩罚是愤怒的结果，或者是类似于愤怒的某种情绪的结果，人们认为在投资条件下互惠或者利他是应当服从的规则，利己行为会招致惩罚。对破坏规则（即不合作行为）的不满会产生愤怒情绪，愤怒是一种合作者对背信者的消极情绪，是惩罚的最近的机制。有学者将复仇定义为一种企图，不计代价或风险，施加于那些曾经使之受痛苦的人身上。这意味着不仅仅是合作者希望惩罚“搭便车”者，同时“搭便车”者也有强烈的对惩罚给予反击的愿望。人们不仅有伤害那些伤害他们的人的动机，而且会使用反惩罚的策略阻碍以后的惩罚。这表明，惩罚的意向作用体现在：惩罚一方面是一种策略性的考虑，另一方面是互给惩罚的愿望。

2）不平等厌恶模型（inequality aversion model）。Fehr 和 Schmidt（1999）提出的该模型认为惩罚者有其他不同的选择，即惩罚效用的最大化。人们厌恶不公平，尤其是当局面对自己不利时，即使在惩罚的过程中自己的收益减少了，也要通过减少不公平增加自身的效用，这个效用不同于物质收益，而是一种社会收益。这个模型认为，如果高投资者十分反对不平等，那么即使惩罚的成本可能超过了惩罚者自己的所有，高投资者也将惩罚低投资者。

三、信任的中介作用

Yamagishi 等（2013）提出信任与合作是正相关关系，当群体间的信任水平较低时，人们愿意设置惩罚机制。惩罚“搭便车”者的威慑作用，使得个人相信惩罚可以避免“搭便车”，从而保证捐献水平保持在一个较高水平。

与此相反，Houser 等（2009）提出在自愿的公共物品博弈中，合作者和背信者共存，惩罚可能是非常有效的，但其前提是那些背信者必须是能被描绘和识别的。假如不能有效地辨别背信者，参与人之间的惩罚则可能是破坏性的，惩罚的存在可能导致彼此之间的不信任，使合作遭到破坏。Mulder 等（2009）提出信任可能是惩罚与合作的中间变量之一，惩罚首先影响人与人之间的信任水平，其次影响合作，同时，惩罚也是一把双刃剑，强加的惩罚可能破坏成员间的内在信任水平。

人们对决策框架的认知会影响其策略的选择，产生不同的价值选择，如伦理道德决策框架和市场交易决策框架。以善恶进行评价的方式，依靠社会舆论、人们的内心信念和传统习惯，调整人与人、人与社会之间的原则、规范的总和，称为"伦理道德"。伦理道德无论对社会的物质生活还是对社会的精神生活都发挥着特殊的调节功能。从经济学角度来讲，人们自愿地以货币来交换物品或服务的活动称为"市场交易"，交易双方是市场机制受益的主体，市场作用影响交易当事人。在道德伦理决策框架中，人们做出决策以伦理道德为主要依据，较少考虑利益得失，合作是基于直觉的选择；但是在市场交易决策框架中，成本收益分析过程中考虑的是收益的大小，合作是利益比较后的选择。

公共物品博弈任务中，与无惩罚相比较，惩罚条件下合作保持在更高的水平；个体适应惩罚条件后，取消惩罚，合作下降到比无惩罚条件更低的水平。由此推测，惩罚是影响合作的间接因素，加强人们对公平互惠存在的信念，就能增强合作；如果损害人们对公平存在的信念，就会减少合作。

第二节　惩罚强弱的作用探讨

Fehr 和 Gachter（2000）提出，针对公共物品投资中投资随着轮次增加逐渐降至为零的现象，设置惩罚条件能使参与人的合作保持在高水平（投资接近100%）。那么，人们不禁提出疑问：①是不是任何程度的惩罚都能得到这样的效果？对维持合作来说，是不是存在最低程度的惩罚？②对惩罚者和被惩罚者来说，惩罚都需付出代价。那么，只有参与人保持合作获得的利益超出其支付的成本，惩罚才能增加收益。因此，即使较大的惩罚能得到较高的合作，但对于长期收益来说，较大的惩罚是否优于较小的惩罚，还值得进一步商榷。③在实验研究中常常选择不同强度的惩罚，那么不同强度的惩罚其效应如何，这是值得关注的。

Nikiforakis 和 Normann（2010）关注公共物品投资中的惩罚效力（punishment effectiveness），研究结果表明，在公共物品博弈实验中，投资随着惩罚强度增加而增长，大惩罚能使群体合作保持在高水平（投资接近100%），收益增加。同时，如果惩罚的强度低于某个门槛，惩罚不能阻止群体合作的衰退，收益降低。这个结果与 Houser 等（2008）的研究具有一致性，当一个相对小的惩罚威胁被用来加强相对大的回报要求时，接受者更可能不回报。惩罚条件改变个体对决策环境的认知，减少个体内在的合作动机，如对遵守公共社会道德规范的偏好。公共物品投资中，合作与“搭便车”相比，不足以成为占优策略，小惩罚的作用有限，结果表现为合作行为的减少。这说明实验研究中，主试对惩罚强弱的选择对实验结果是非常重要的。互惠是重要的合作动机，参与人投资与他对组内其他成员的投资期望密切相关，当注意到其他成员始终保持投资时，大多数参与人倾向于多投资，愿意惩罚那些投资相对少的成员，对低投资表示愤怒。

第三节 惩罚通过信任影响合作

本书附录三的研究结果表明，人际熟悉度、其他人合作条件对投资的主效应显著，惩罚强弱的主效应不显著。这说明：①人际熟悉度影响合作，一般来说，熟人之间的合作程度高于陌生人；②其他人之间的合作程度影响合作，高合作条件下合作程度较高；③惩罚强弱不影响合作。

一、熟人之间的合作程度高于陌生人

人际熟悉度的作用也许可以用文化因素来解读，中国文化心理学指出，

“多数中国人在被围城围住的自己人的圈子里生活得有滋有味，基本不需要与陌生人交往，自然而然，多数人在推己及人时，一般都有这样的规律：对于包裹在这个特别厚重的圆圈之内的人与物较容易做到将心比心和推己及人；不过，他或她的这颗善良之心往往难以突破这层厚重的城墙，相应的，对于围城以外的陌生人及其拥有物一般很难做到将心比心和推己及人，而往往是不为所动、无动于衷。这就是为什么同一个中国人在对待自己的家人和朋友时往往热情有加，而在对待陌生人时常常铁血无情的心理根源之所在”（王建民，2006）。

社会认同理论也强调存在群体内偏好，对群体有归属感的个人会对群体感到满意，这种满意感会增加群体内的信任，表现出群体内收益的最大化和不平等的最小化，更多地促使个人表现出合作行为。在具有同情心的条件下，囚徒困境可能会有不同的解决之道，学者引进了一个度量心理距离的参数，结果发现这个参数与合作的概率完全成反比。人们的心理距离越小，合作发生的概率就越大。当这个参数收敛到某一个域值或者某一个点的时候，参与人几乎百分之百地合作。在这个点之前有一个区域，两个人之间的关系是一部分合作，一部分不合作。所以说，熟人之间的合作程度高于陌生人也就不足为怪。

中国人的关系取向不是对关系的认同和满意，更多的是一种互相依附，一种亲缘互惠。在农耕时代，人们都是依赖土地而生，人们的生老病死都在一个熟人社会里，基于自然情感的一整套行为规范对于熟人社会有着很强的约束力，熟人之间信任程度很高，甚至有“吃亏是福”的说法，人们普遍存在“亲缘利他”倾向。同时，乡土生活方式和制度使得人与陌生人之间无法建立长期的来往关系，因此，互惠、信任、合作都难以实现。

不过，现在的中国，社会文化环境有了很大的变化，当代人的生活方式渐渐地从“乡土文化”走进了“都市文明”，“熟人文化”在向“陌生人文化”转变，人际信任也由“熟人信任”变成“制度信任”。如此变化的文化背景下，也许国人心理上还保留着“熟人优先”的习惯，但是也出现了一些新景象，例如，“杀熟”现象使得熟人之间的信任也同样面临风险。本书也发现，只有中、高合作条件下，熟人组才比陌生人组具有更高水平的合作。在“低合作+小惩罚”条件下，熟人与陌生人相比较，合作水平较低。

鉴于取样的局限性，在此熟人更准确地说是同学关系，同学只是熟人关系中一个较小的部分，所以关于人际熟悉度作用的结论，推广需谨慎。

二、惩罚不是越大越有效

惩罚强弱影响合作的实验研究（附录三）表明，惩罚强弱主效应不显著，与人际熟悉度、他人合作条件变量存在交互作用：①大惩罚（25 个代币）条件下，熟人比陌生人投资更多；小惩罚（5 个代币）条件下，人际熟悉度不影响投资。②低合作条件下，大惩罚比小惩罚投资更多；高、中合作条件下，惩罚强弱不影响投资。由此可知，虽然大、小惩罚没有单独影响合作，但是大惩罚与小惩罚相比，更能保持合作行为。惩罚强弱、人际熟悉度和其他人的合作水平三个变量影响合作的交互作用明显。

三、愤怒情绪的作用

人类有四种基本情绪：快乐、愤怒、恐惧和悲哀。愤怒是由于其他人或事妨碍目的的达到，从而使紧张积累而产生的情绪体验。愤怒的发展和对妨碍物的意识程度有直接关系。一般来说，人只有意识到是什么东西妨碍他达到目的，并知其不合理或属恶意时，愤怒才会骤然发生，并常常对引起愤怒的对象表现出攻击性行为。

亚当·斯密（2004）指出愤怒的感受包括：伤害的疼痛、悲伤、恐惧、对自尊的伤害，以及期望复仇和发泄愤怒的快乐。愤怒情绪依强度不同有不同的等级，由微愠到愤怒以至于暴怒、狂怒。它带来不愉快，带来麻烦，令人苦恼。但同时，它又具有高度的功能性，帮助人们理清许多意识到或没有意识到的对自己具有危害作用的事物。

从进化心理学的角度来看，愤怒具有进化意义，是人类面对伤害的一种本能反应。愤怒的对象可能是别人，也可能是自己。愤怒可能向外爆发（explodieren），也可能向内爆发（implodieren），换言之，也存在由于愤怒无法对外发泄而导致自我崩溃。此外，Spielberger（1997）认为，愤怒的一个重要特征便是伴随着愤怒感觉的产生，人的自动焦虑系统会被唤起，有强烈的报复欲望，直到这种愤怒的情感得到承认并被发泄，报复的欲望才会消失。

愤怒是由伤害或错误引起的痛苦感和敌意。当他人的行为不仅伤害了“我”，而且违反了公认的社会道德规范时，就会引起“我”强烈的愤怒，国内学者王立峰（2006）称之为“愤恨”，他指出：“愤恨与愤怒的不同，在于愤恨有理性的成分，是一种道德情感，而愤怒是一种自然情感，愤恨是道德化的愤怒，具有正义性，是一种美德。愤恨是受害人自尊的表现，基于愤恨的报应是通过施加惩罚而恢复道德平衡的一种欲望，正是这种愤恨情感推动建立了法律惩罚制度。法律惩罚的意义在于，它使违法者在受害人心目中的道德地位得以降低，这种降低得到了社会的认可。”

惩罚的作用在于恢复正义的条件性，即正义是有条件的。一方面，正义具有相互性，即只有在别人遵守正义规则时，“我”才会遵守正义规则；另一方面，“我”遵守正义规则还需具备另外一个条件，即满足“我”的利益欲望。在某种意义上，愤恨本身就构成对犯错者的惩罚，除非“我”愤怒的对象完全蔑视我，否则，“我”的愤怒本身对他就是一种惩罚。

通过惩罚，社会既承认了愤恨的合理性，又给愤恨提供了宣泄的机会。这种机会无异于惩罚带来的“快感”：让我们认为不正义的人得到惩罚，总会给我们带来快感，并与我们的公平感一拍即合。在情感层面上，惩罚给受害者带来快感，是因为它有助于释放愤恨，使人恢复心理平衡。在道德层面上，惩罚的快感来自所谓的“公平感”——遭到破坏的正义的条件性得到合法的、恰如其分的恢复。

本书附录三的情绪测量表明，生气状态与其他成员投出代币的多少有关，投出代币逐渐减少，完全不生气的人数随之减少，生气程度慢慢增强。这说明他人的不合作行为会引起愤怒感受。其他人的不合作使人生气，当他人投资低于个人禀赋（个人拥有的代币数）的一半时，生气的程度逐渐增强。由此推测，惩罚来源于不公平行为引发的愤怒和不满情绪，惩罚的心理基础是愤怒。

四、惩罚改变合作的动机

本书附录四的结果表明：①设置惩罚之前与之后的投资差异显著；②有惩罚比无惩罚投资高；③取消惩罚后，投资最低。与无惩罚相比较，惩罚条件下合作保持在更高的水平；个体适应惩罚条件后，取消惩罚，合作下降到比无惩罚条件更低的水平。

在惩罚机制设立之前，设置惩罚机制可以增强合作，或者是将合作维持在某一个合作水平上，惩罚可以强制合作，但是当在惩罚机制已经设立的情境下，取消惩罚或者是取缔惩罚机制，人们的合作水平会下降，并且下降到比之前还要更低的水平。这说明，惩罚的设置对投资有着深远的影响。惩罚从无到有，再从有到无，会从根本上影响人们的合作行为。

通过无惩罚、设置惩罚与取消惩罚三个阶段，惩罚由无到有，再从有到无的过程中，人们的投资心理已经发生了微妙的改变，惩罚条件提供了信号效应和处理效应，个体对合作的判断由伦理道德判断转变为交易判断。用外在的惩罚制度来保障合作，使得合作的外在动机增强，内在动机降低，这样，当惩罚制度存在时，能增强合作，而一旦撤销惩罚制度，外在合作动机也降低，那么合作水平就会下降到更低的水平。所以，惩罚是增加合作行为的一种策略性的措施。

惩罚通过改变决策认知能增强合作，但值得注意的是，是否设置惩罚制度是一个需要慎重考虑的问题，因为惩罚制度一经设置后，就不便撤销，一旦取消之前的惩罚制度，将会适得其反，导致合作降至低谷。一旦设立惩罚条件，惩罚对公平互惠规则的强制性，使得人们的合作维持在较高水平。此时人与人之间的信任建立在外在的惩罚条件上，不难推测双方的合作意愿是基于害怕受到惩罚，而不是本意如此。对每个参与人而言：我不知道该不该相信你，但是我相信惩罚制度。这样，传统的人际信任转变为制度信任，人们不再花时间和精力来了解彼此的其他个人信息，而将重点放在制度是否健全，是不是有漏洞可钻上。人们不愿意去信任某个具体的人，而是去信任某种制度。若惩罚制度成为人与人之间信任的基础，那么惩罚制度就很难被撤销了，若撤销惩罚，人际信任便不复存在，制度信任的基础又消失殆尽，那么人与人之间的合作信任就很难维持，甚至低于在惩罚制度之前的初始状态。

惩罚也是一柄双刃剑，设立惩罚制度要考虑到惩罚具有两面性：一方面，惩罚提供了信任的制度保证，使得信任从人际特征信任转变为制度信任，具有增强外在合作动机的功能；另一方面，惩罚一经设立就很难撤销，要谨慎设立惩罚制度，因为撤销已有的惩罚制度，可能导致信任水平低于设立惩罚制度之前的初始水平，具有破坏内在合作动机的功能。

被试不愿意付出成本来惩罚“搭便车”者，这种结果符合传统经济学的观点，该理论认为出于个人利益最大化的原则，公共物品投资中“搭便车”的现象就非常普遍。那么，参与人将不会为了惩罚“搭便车”者而支付一定的成本（他们希望“搭便车”者受到别人的惩罚，这是一个二级“搭便车”问题），无人愿意实施惩罚，这是一个纳什均衡问题。不过，有代价惩罚条件的设置，还是增加了投资机会。第二阶段，约72%的被试选择了零惩罚，98%以上选择10个代币以下的惩罚。多数人没有选择有代价惩罚的惩罚，即使惩罚，也是小额度的惩罚。并且，被试没有被惩罚的反馈信息，也就是说，被试惩罚他人行为和被惩罚的实际发生率都很低。那么，第二阶段（有惩罚设置）与第一阶段（无惩罚）相比较，投资增强，不是因为实际的惩罚行为，也不是因为实际的被惩罚，而只是因为设置了惩罚条件，一种惩罚他人和被惩罚的可能性，这种惩罚的可能性产生效果。这种结果符合关于惩罚效用的理论假设：惩罚机制具有威慑性。

Fehr 和 Gachter（2000）的研究结果表明，如果博弈重复进行，并且每次遇到的对手都是随机的陌生人，那么选择合作或投资的人就会减少，并主要集中在一小部分坚持者身上。而在设置惩罚制度之后，人们愿意惩罚“搭便车”者，付出成本来进行惩罚是卓有成效的，惩罚可以使投资保持在个人拥有代币的一半以上（尤其是在重复遇到陌生人的实验方案中，投资趋近 100%，于是惩罚自动消失，因为在那么高的投资上没有人会实施惩罚）。

五、惩罚和信任协同作用于合作

在公共物品投资游戏中，个体行为与他人行为是一种博弈。所谓博弈是指在一定的游戏规则约束下，基于直接相互作用的环境条件，各参与人依靠所掌握的信息，选择各自的策略行动，以实现利益最大化和风险成本最小化的过程。社会两难中的合作就是指参与人之间基于自身的利益而达成一致的协议。因此，合作既是一个互动的过程，也是一个互惠的过程。

被试的行为受到其他人合作水平的影响。从符号互动论的角度来分析，人的行动是以这些事物对人的意义为基础的；这些事物的意义来源于个体与其同伴的互动，而不存于这些事物本身之中；当个体在应付他所遇到的事物时，他通过自己的解释去运用和修改这些意义。

本书附录四的研究结果表明，小组其他三人投出代币的多少直接影响被试的行为反应，其他人投出代币多，被试投出代币也多；其他人投出代币少，被试投出代币也相应减少。这个结果表明社会两难博弈任务中，个人行为受到群体中其他人行为的影响，组内其他人较高水平的合作能鼓励个人合作。

有研究发现，投资和对合作的信念是有关的。约有一半的参与人是“有条件的合作者”，也就是说，如果别人投资得多，那么自己也多投资；如果别人投资得少，那么自己也少投资，并且有约 1/3 的人是“搭便车”者。这个结论支持了互惠理论。

公共物品投资中，参与人在做决策之前，会注意到组内其他成员是高投资、中投资还是低投资。归纳公共物品投资实验结果，发现互惠是重要的合作动机：①参与人的投资与他对组内其他成员的投资期望密切相关；②当参与人注意到其他成员始终保持投资时，大多数参与人倾向于多投资；③参与人愿意惩罚那些投资相对少的成员，对低投资表示愤怒。

互惠理论可以很好地解释其他人的合作程度对合作的影响作用，参与人对他人的感觉方式依赖于他们期望自己如何被对待，“以德报德，以怨报怨”“合作回报合作，不合作回报不合作”的心理动机，使“一报还一报”成为最好的合作策略。本书中的被试虽然不懂博弈策略，但是结果表明，人们不约而同地选择这种反应方式，说明人们普遍具有这种互惠的合作动机。另外，不平等厌恶理论认为参与人不愿意获得一个低于平等份额的收益，也较不愿意获得一个高于平等份额的收益，人们有追求平等的倾向，这种追求公平的信念也使得互惠成为主要的动机。

在囚徒困境博弈中，学者发现那些预期对方会合作的参与人也更愿意进行合作（或者说，对合作的判断与选择合作倾向是相关的），双方进行合作是一个“公平均衡”。他人如何对待自己，自己也如何对待对方，善待那些善待自己的人，敌视那些敌视自己的人。“以眼还眼，以牙还牙”，是一种合作策略。所以，他人合作水平影响合作，其实质还是这种追求公平和互惠的心理偏好在起作用。

第九章

心理学中的信任与合作

第一节 家庭环境、亲子依恋与人际信任

一、信任心理发展的关键期

埃里克森是美国著名的精神病学家，新精神分析派的代表人物。他认为，人的自我意识发展持续一生，他把自我意识的形成和发展过程划分为八个阶段，这八个阶段的顺序是由遗传决定的，但是每一阶段能否顺利度过却是由环境决定的，所以这个理论可称为“心理社会阶段理论”。每一个阶段都是不可忽视的。

婴儿前期（0～1.5 岁）面临的主要是基本信任和不信任的心理冲突，如果这一阶段的危机得到成功的解决，就会形成希望的美德；如果危机没有得到成功的解决，就会形成胆小、惧怕。

这个阶段的儿童最为孤弱，因而对成人依赖性最大，如果护理人能以慈爱和惯常的方式来满足儿童的需要，他们就会形成基本信任感。如果他们的母亲拒绝他们的需要或以非惯常的方式来满足他们的需要，儿童就会形成不信任感。如果护理是充满爱和惯常的，那么儿童就懂得他们可以不必为失去一位慈爱和信赖的母亲担心，即使当母亲不在身边时，他们也不会有明显的烦躁和不安。

婴儿的首项社会成就是愿意母亲离开并且不产生过分的焦虑和愤怒，因为他们不仅具有一种外部的预见性，而且发展了一种内在的信念。这种惯常的、持续的、同样的体验提供了一种基本的自我同一性意识，这种自我同一性意识依赖于对大量内部识记的和可预见的感觉的认识，以及对那些确实与大量外部熟悉的和可预见性的事物及人物有关的想象。

当儿童形成的信任感超过不信任感时，其基本信任对基本不信任的危机方可得到解决。值得注意的是，基本信任和不信任在儿童内心所占的比重。对任何人和任何事物都信任或者都不信任的儿童必然会陷入困境。信任感占优势的儿童具有敢于冒险的勇气，不会被绝望和挫折所压垮；然而某种程度的不信任是积极的和有助于儿童生存的。

埃里克森说，一旦某一阶段的特征危机得到积极的解决，那这个人的人格中就形成一种美德，它能够为一个人增添力量。在不信任—信任这个阶段，如果儿童具有的基本信任超过基本不信任，就形成希望的美德。希望是对热烈愿望的实现怀有持久的信念，得到信任的儿童敢于希望，而缺乏足够信任的儿童不可能怀有希望，因为他们必然为需要是否能得到满足而担忧，所以他们被目前状况所束缚。

二、家庭环境、亲子依恋与信任的概述

家庭是儿童成长的主要场所，家庭对孩子的成长有重要的影响，家庭功能发挥得越好，家庭成员的身心越健康。青少年人际信任与家庭关系的研究经历了一个由表及里、由简单到复杂的过程。家庭作为一个系统，既有内部联系的功能，如抚育、教育孩子，又有外部联系的功能，如引导孩子接触外部世界，它为孩子进入家庭以外的环境奠定了基础。

家庭中亲子关系的安全和温暖很重要，与父母良好的依恋关系是儿童心理健康的关键。从本书的研究中，可知仅有 17.44%的大学生对他人的行为和承诺、陈述的可靠性具有较高的信赖程度，并能以开放的心态进行人际交往。有70.93%的大学生只具有一般性的信赖程度，不足以协调好自身与他人的关系，人际信任程度较低者仍有 11.3%，他们觉得与同学、老师相处时并不能感到舒适自在。

信任在人类社会中发挥着非常重要的作用，在人际交往中对人性的态度往往以人际信任度的方式表现出来。通过对人际信任测量和人际信任量表的编制，学者发现家庭背景、家庭结构、家庭氛围和家庭所属的社会阶层等因素都会影响人际信任，造成了人际信任的差异，但在对性别这一因素的测量上，未发现人际信任的区别。

最近越来越多的学者关注家庭因素与青少年人际信任的关系，并进行了一系列的实证研究。对青少年人际信任的家庭影响因素的探讨归纳起来分为两类：①家庭外环境变量，主要包括家庭结构、父母婚姻状况、父母文化程度、家庭经济地位；②家庭内环境变量，主要包括父母教养方式和亲子依恋。回溯近五十年的相关研究，家庭因素与青少年人际信任的研究重点已从外环境变量转向内环境变量，认为后者对青少年的行为有直接且重要的影响，前者通过后者起作用。

（一）家庭外环境与青少年人际信任

1. 家庭结构

处于不同家庭结构的青少年的人际信任度是不同的。池丽萍（2013）研究了青少年人际信任与其出生家庭规模之间的关系，揭示了这样一种现象：青少年人际信任的水平与所出生的家庭规模有关，出生在较小家庭的青少年比那些出生在较大家庭的青少年的人际信任水平要高。这可能与在家庭中所受到父母的关注多少有关，在较小的家庭中出生的孩子比那些在较大家庭中出生的孩子能够得到较多的爱和关注，更有可能形成较为稳定和持久的依恋。

而国内学者通过研究发现，出生排行第一与第三、出生排行第二与第三之间的差异非常显著，而出生排行第一与第二之间无显著差异。这表明在家中出生排行越靠前，人际信任水平就越高，反之人际信任水平就越低，这可能是由于出生排行后的个体对父母或其他家人的依赖性较大、独立性较差。

同时，和非独生子女相比，独生子女在家中受到更多积极的关注，他们生活在更安逸的环境中，在与人交往过程中给予更单纯的态度，这有可能会使独生子女在处理与异性或其他人际关系时更得心应手，所以独生子女的人际信任水平相对较高。但是，也有研究发现：是否是独生子女与其人际信任水平关系不显著。

2. 父母婚姻状况、父母文化程度、家庭经济地位

父母自身的一些因素也会影响到孩子人际信任的发展，魏娟和丁燕云（2007）的调查显示，父母离婚的青少年的人际信任水平明显低于父母婚姻和谐的青少年。究其原因，父母的离婚、家庭的残缺，易使子女形成残缺感、不安全感，他们敏感多疑、自卑偏执，焦虑水平偏高；而对父母离婚与其后代的人际信任研究显示，虽然父母离婚与其后代的人际信任呈负相关，但是当把亲子关系质量变量考虑进去时，这些影响就会大幅减少。无论父母是否离婚，三种信任（对父母的信任、对亲密同伴的信任、对其他人的信任）与积极的亲子关系都存在紧密的联系。

父母的文化程度和家庭经济地位对青少年人际信任的影响同样有所争议，魏娟等（2007）认为，高文化组的父母相比低文化组的父母，更倾向于采取情感温暖、理解、少拒绝、少否认等积极的教养方式，这对于孩子建立自信心有帮助。子女的性格和心理健康与否等受父母教养方式的直接影响，而父母的教养方式又受其自身文化程度的影响。有研究发现：不同经济状况的大学生和不

同生源地的大学生在信任方面得分差异极显著，家庭经济状况良好、城镇生源地的大学生在信任他人方面显著优于经济状况差的大学生。然而，王晓一等（2008）的研究发现不同生源地、父母文化程度及家庭经济地位等因素对大学生的人际信任没有显著影响。

（二）家庭内环境与青少年人际信任

1. 父母教养方式

早在 1950 年，埃里克森等就从个体心理学角度研究了信任产生的过程，他们认为人的信任来源于儿童早期的经验，主要是婴儿与看护人之间的关系（卡尔，2004）。可见，父母教养方式对青少年的影响是不可忽视的。国内学者以不同被试为研究对象，都证明了人际信任与父母教养方式存在相关关系。积极的父母教养方式（父母情感温暖、理解）可使子女增加人际信任度，特别是可增加子女乐于助人的行为。反之，消极的父母教养方式使子女人际信任水平下降，多产生自私自利、爱占便宜的行为，互帮互助的良好品质下降，故良好的父母教养方式直接影响子女对他人的信任，以及子女良好道德品质和正确人生观的形成。子女的人际信任与父母的拒绝、否认型教养方式呈负相关。

父母在童年时代体验到的家庭环境中的依恋使他们形成一种内部工作模式，这一活动模式是早期依恋经验的内部表象，这种表象可能影响到他们与其子女建立情感纽带。罗任和周茜对广州大学生的人际信任和其父母教养方式的关系进行探讨后发现：父母教养方式对青少年人际信任水平的影响正在减弱，这应该引起家长的注意。家长要适应子女态度的转变，与子女建立良好的亲子关系，适时与子女进行沟通，以身作则，提高他们的人际信任水平，帮助他们建立良好的人际关系。家庭与社会环境在很大程度上影响依恋质量。在一个有压力、不稳定、不敏感的家庭里，子女不安全依恋的比例很高。

2. 亲子依恋

亲子依恋（child-parent attachment）是指孩子在两岁前与母亲或其他主要抚养人之间建立的一种特殊的情感联结纽带。主要抚养人不仅能满足孩子的生理需求和情感渴望，还是孩子心理上的保护伞。亲子依恋主要有三种类型：安全型、反抗型和回避型。在这三种依恋类型中，安全型依恋是良好的、积极的依恋；而反抗型和回避型依恋则是不良的、消极的依恋。

亲子依恋建立的影响因素包括母爱剥夺、养育质量、婴儿的个体特征、家庭与社会环境、父母内部工作模式。

安全型依恋的个体通常有较高的自我概念和较高水平的人际信任，而不安全型依恋的个体在社会交往中体验到较低的社会价值与人际信任。父母对青少年人际信任的影响程度在男女两性中还存在着差异，对于女性青少年来说，母亲的影响大于父亲的影响，对于男性青少年来说，父亲的影响大于母亲的影响，也就是说，同性别依恋的影响程度比异性别依恋的影响程度要高。有学者以卫校学生为被试，对父母教养方式与人际信任作了相关性研究，指出父母的教养行为影响子女的人际信任，孩子对父母的依恋状况影响到孩子与身边重要人物建立有价值的依恋关系的能力。其中，母亲自我形象的形成对孩子起着至关重要的作用，这种自我形象影响着孩子对他人的信任。

在孤儿院中长大的孩子常常表现出孤僻的特点，原因可能是其成长环境不能培养出安全型的依恋关系。婴儿很少有机会与人交往，社会性刺激极其贫乏，保育员每天只是例行公事般地与婴儿进行接触，没有亲吻，没有逗乐，缺乏游戏，更重要的是缺乏孩子与抚养者互动交流的环境。这些婴儿表现出对周围环境的回避与退缩、对外在刺激缺乏敏感回应和睡眠困难等特征。在这种集体教养的环境下，婴儿无法体验母亲的关爱，随着年龄的增长，儿童的抑郁感与焦虑感迅速加深。

鲍尔贝在 1951 年出版的《母亲照顾与心理健康》一书中强调，如果婴儿在关键期内没有与母亲建立紧密的情感联结，那么儿童的人际关系和情绪发展就会受到严重的、不可逆转的损害，形成一种“无情感的性格”。如果儿童到两岁半才得到母亲的关爱，那这种关爱对儿童的成长就几乎起不到什么积极作用了。

安全型依恋婴儿的母亲对婴儿发出的信号反应敏感迅速，表现出更多积极的情绪反应，而且照顾婴儿温柔细心。相反，非安全型依恋婴儿的母亲不喜欢身体接触，照顾婴儿时显得笨拙无能，而且对何时及如何满足婴儿的需要缺乏敏感性。

是何种机制使母亲的行为增强了安全型依恋婴儿的信任感，从而形成安全依恋的呢？在一项研究中，一些学者对母婴在生活情景下的交互作用进行了录像，并对彼此的行为进行了分析，结果显示：一种被称作“交互作用同步性”的特殊交流方式区分了安全型依恋婴儿与非安全型依恋婴儿的体验。交互作用同步性是指抚养者能对婴儿发出的信号在恰当的时间、以恰当的方式作出反应，而且参与双方通常能配合这种情绪状态的发展演进，作为积极一方的母亲更是如此。

与安全型婴儿相比，回避型婴儿被认为接受了过多的刺激性、侵扰性的照顾。通过对母亲的回避，婴儿表现出对过多的交互作用的逃避。反抗型婴儿通常会体验到不协调一致的照顾。这类母亲似乎不愿意过多卷入抚养行为，对婴儿的信号缺乏反应。然而当婴儿开始探索外部世界时，这些母亲却往往加以干预，试图把婴儿的注意力转移到她们身上。因此对于母亲亲近和疏远的行为，婴儿表现出互相矛盾的反应。

第二节 进化心理学与信任和合作

一、信任和合作的进化机制

（一）亲缘选择

Hamilton（1964）提出了亲缘选择（kin selection）理论来解释个体间的合作行为。该理论认为，为了更好地使自己的基因得到繁衍，个体会帮助与自己有血缘关系的他人。亲缘选择虽然可能降低“利他者”自身的适合度（fitness）——个体存活和成功繁衍的可能性，但却增加了广义适合度（inclusive fitness）——成功传播自身基因或与自身基因相同的基因的可能性。合作行为的强度与亲缘亲近程度成正比：亲缘关系越近，利他倾向越强。

Hamilton（1964）还假想人类具有所谓的超级基因，该类基因具有三个特点：①具有显著的表型特质；②具有能识别他人是否具有该特质的能力；③即使在以可能降低自身适合度为代价的情况下，也会对具有该特质的个体表现出直接利他倾向。该类表型特征用一奇异特征——绿胡须（green beard）——来表征，故超级基因又被称为“绿胡须基因”。所谓的绿胡须效应，是指如果一个基因可使携带者长出绿胡须，且该基因携带者能对其他长有绿胡须的个体产生利他意识或表现出利他行为，那么该基因在该种群中得到传播的可能性增大。

虽然现实生活中没有真的“绿胡须”，然而绿胡须的表现形式可由自我相似性代替。例如，个体更倾向于信任与自己长相相似的人。此种自我相似的线索可被文化所强化。例如，一些群体可能会为自己的组织配备标志性的制服、徽章、文身、发型等。“绿胡须效应”是亲缘选择的一个特例。

（二）直接利益

直接利益指个体在交互过程中直接获得的利益。Hammerstein 和 Leimar（2006）认为，直接利益主要通过市场维度（market dimension）、共同利益（common interest）和劳动分工（division of labour）三种方式来获得。通过市场维度而获取直接利益可体现在消费者和商家的交易过程中。例如，消费者从商家获取自身所需要的物品，而商家则通过消费者消费获得利益。类似的，生物界中灰蝶幼虫和蚁群共同生存，灰蝶幼虫通过分泌蜜露供蚂蚁取食，作为居住在蚂蚁巢穴中获得蚂蚁保护的交换条件。通过多方合作互动才能获得的利益即为“共同利益”。例如，为了使机体正常运作，成千上万的基因共同合作，从而将所携带的基因传递给后代。不同水平的生物组织或个体之间也可以通过劳动分工来获取直接利益。例如，由于每一个基因只能完成有机体的部分工作，要维持机体正常运作就需要基因之间进行劳动分工。早在人类祖先群居生活中就存在为获取直接利益而进行的合作，如早期的集市交易、群居觅食和抵御猛兽攻击。

（三）互惠

直接利益更多体现在利益交换上，而互惠则是个体试图通过自身的行为（合作/惩罚）来改变对方的行为（合作）。有学者将互惠分为直接互惠（direct reciprocity）、间接互惠（indirect reciprocity）和强互惠（strong reciprocity）等不同形式。直接互惠理论可较好地解释多次重复交往中无亲缘关系个体间的合作行为。例如，Axelrod（1984）发现，在多次重复博弈中，博弈双方会形成一项稳定的互动策略——“以牙还牙”。该策略往往始于合作，在随后的每一回合中，博弈双方均倾向于复制对手所采取的策略，即对方合作则自己合作，对方背叛则自己背叛。然而，“以牙还牙”策略会导致一次偶然背叛后的系列背叛，于博弈双方均不利。随后，“以牙还牙”策略被“宽容性以牙还牙”（generous-tit-for-tat）策略代替，即当对手背叛时，个体也会以一定的概率选择与对手合作。无论是采取“以牙还牙”策略还是“宽容性以牙还牙”策略，个体的合作行为都是为了在随后的互动中获益。

直接互惠可解释个体间长期、多次互动过程中的合作行为，但无法对现实社会单次交互情境中的合作行为做出较好解释，为此，有学者提出间接互惠理论来弥补直接互惠理论的不足。在间接互惠理论作用机制下，个体提供合作后，其所获得的奖励通过声誉机制（即通过帮助他人获得好名声后，其他个体也更愿意帮助该个体），由群体内其他成员代为实施。虽然动物界也存在简单的间接互惠行为，但复杂的间接互惠行为仅存在于人类社会中，因为间接互惠对个体的认知资源有较高的要求，我们不仅要记住自己与他人的互动过程，还要监控群体即时变化的社会网络。此外，我们还需要通过语言来获取信息和传播与间接互惠有关的声誉。无论是直接互惠还是间接互惠均无法解释当社会群体面临灭绝或解体的威胁（如战争、瘟疫或者饥荒）时个体的合作行为（Gintis，2000）。因为在上述情境下，群体解体概率增加，群体存活一定期限的概率降低。合作者缺乏足够时间等待第三方给予奖励，此时对于自私的个体来说，背叛才是使自身利益最大化的行为。然而，一旦群体中背叛行为蔓延，该群体也会很快走向灭亡。

为此，Gintis（2000）提出了强互惠理论。该理论认为，为了保证群体利益，群体中的个体会付出一定代价去惩罚那些不守规则的人，即使所付出的代价得不到补偿。一方面，群体会由于拥有强互惠者而大大受益，且其受益必然大大超出个体付出的代价；另一方面，那些由于自己承担成本使群体受益的个体也会因得到群体的偏爱而更易生存，因而强互惠得以进化。直接互惠、间接互惠及强互惠理论中存在一些明显的共性和差异。首先，直接互惠、间接互惠及强互惠都是通过个体预先发起的行为来交换对方的合作，不同的是，直接互惠中个体通过合作交换对方的合作，间接互惠中个体通过合作交换第三方合作，而强互惠中个体通过惩罚交换背叛者合作。其次，直接互惠和间接互惠中的合作行为依赖他人的反馈，而强互惠中的惩罚行为则是无条件付出。

（四）文化适应理论

进化心理学视角下的合作理论大多基于三个前提：①合作过程中个体需要付出代价；②个体选择合作必然是为了自身的付出能得到回报，包括基因层面、个体层面或群体层面等；③个体获得的回报需要大于所付出的代价。只有满足上述前提，合作方才能成功进化。

文化适应（cultural adaptation）理论可以用来解释具有非亲缘关系的大范围人类合作。该理论认为，人类在数百万年间进化了向他人学习的能力，从而使得累积的文化进化成为可能。人类社会的发展，除了基因的进化外，还有文化进化。快速的文化适应使得不同群体形成了各自不同的比较稳定的行为模式，而群体间的竞争使有利于提升群体竞争力的行为模式得到传播和进化。在自然选择条件下，一方面，那些拥有更多合作者或亲社会者的群体会击败那些拥有较少合作者的群体而得到进化。另一方面，社会道德系统（制裁和回报系统）提高了表现良好个体的繁衍概率，并进而导致其他亲社会性动机和情感（如同情和羞愧）的进化。相比基因进化而言，文化的适应和进化更快，更有利于群体在混乱多变的环境中生存。

二、合作的演化

（一）制度设置

有效抑制背叛和“搭便车”行为，是使合作行为成功进化的要素。无论是背叛还是“搭便车”行为均指个体无须付出成本即可获益的行为。背叛多存在于两人合作情境，背叛者的获益源于对方的合作；而“搭便车”行为则多存在于多人合作情境，获益源于公共物品。培育信任、促进合作可以通过适当的制度设置（如沟通环节、奖惩机制等）来抑制背叛和“搭便车”行为。Balliet（2010）对以往有关沟通机制在社会两难困境中如何影响合作的研究进行了元分析（meta-analysis），结果发现，沟通可以促进合作，且面对面的沟通效果优于间接传递信息的沟通效果。Shutters（2009）发现，团队内成员之间的沟通可减少“搭便车”现象，从而加强团队合作，而团队间成员的沟通会导致团队间成员的彼此勾结，从而减少团队内合作。设立惩罚或社会制裁机制有助于抑制“搭便车”行为，从而促进群体合作。然而，也有研究发现，在重复博弈环境下，奖赏比惩罚能更有效地维持合作关系，以及促进个体的捐赠行为。

人类社会的道德系统，包括制裁系统和回报系统，能够有效地抑制背叛和“搭便车”行为，并且该系统能随着人类社会的发展而进化（参见上文文化适应理论），从而保证了具有非亲缘关系的个体间的大范围合作得以形成和进化，使人类的合作成为生物界的典范。

（二）群体认同

Sober 和 Wilson（1998）认为，群体也是自然选择的载体，在群体层面上也进行着个体特质的选择，即群体倾向于选择可以提升群体竞争力的个体特质，如对所属群体的认同感及帮助同一群体内其他成员的意愿。个体对“内部人员”和“外部人员”进行不同划分的内在倾向（即个体认同感）会影响合作：对“我们”的知觉可以提高群体或团队在狩猎大型猎物或部落防御中的积极性。反方面的证据也表明，群体异质性，如群体成员属于不同种族、宗教，会不利于合作。例如宗教、政治的多样性不利于集体设施维护。种族异质性会导致公共物品低生产，经济增长糟糕，以及腐败、暴乱和国内冲突。有学者提出目标转换假说（goal-transformation hypothesis）和目标扩大假说（goal-amplification hypothesis）来解释群体认同对合作行为的影响。

目标转换假说认为，随着认同感增强，人们会在个体目标和集体目标之间转换，即从关注个体利益转向关注集体利益。合作行为虽然会降低个体适合度，但可以提升群体适合度（参见上文亲缘选择理论或“绿胡须效应”），那些拥有更多合作者或亲社会者的群体会击败那些拥有较少合作者的群体而得到进化。目标扩大假说则认为，认同可引起个体对他人合作行为的积极预期，从而导致自身采取合作行为。该假说与互惠理论相一致，个体认同感越高，越相信群体成员会在随后的交往中与其合作，即个体是为了能在随后的交往中获益而采取合作行为。总之，无论是为了提升群体适合度，还是为了能在随后的交往中获益，个体认同感越高，合作倾向越强。

（三）地位

自然选择通过竞争实现。竞争的双方会产生实力强弱对比，从而形成不同支配等级（dominance hierarchy）。支配等级的形成可使一部分个体比其他个体拥有更多机会去获得有助于个体生存和繁衍的资源，处于支配地位的个体和被支配个体间不可避免地存在冲突。研究发现，资产、收益、权力等不平等会阻碍群体合作。例如，土地持有不平等程度和灌溉系统的维护程度呈显著负相关。然而，另有研究表明，一定程度上的不平等反而会促进合作。例如，部分人群在合作中获得足够大的收益时，该类人群（占优势者）更乐意去承担合作的成本。

当富有者与其群体存在共同利益时，能够促进该群体合作和集体行为的发生。例如，处于领导地位的长尾猕猴更有可能会提供食物给非亲缘个体，而处于被支配地位的长尾猕猴则会保留自己的食物。这表明不平等地位有利于促进合作。然而，处于优势地位的个体更愿意合作的假设并不绝对，有学者在对遭受汶川地震的灾区居民进行研究时发现，灾区居民（劣势地位）比非灾区居民（优势地位）更愿意合作，且受灾程度更高的居民（劣势地位）比受灾程度较低的居民（优势地位）更有合作倾向。

类似的，最后通牒博弈（ultimatum game）和独裁者博弈（dictator game）考察了处于自己地盘（优势地位）和他人地盘（劣势地位）的儿童之间的合作行为，结果发现，当儿童处在他人地盘（劣势）时表现出较多的合作行为，而当其处于自己地盘（优势）时则表现出较少的合作行为。互惠理论似乎能较好地解释处于不同地位个体的合作原因：处于优势地位的个体之所以愿意帮助处于劣势地位的个体，其原因可能是为获得“好名声”，从而在以后的交往中获益（间接互惠理论）；抑或为了避免第三方制裁而选择合作（强互惠理论）。

一旦合作不能给自己带来收益，或使自身的优势地位受损，则优势地位的个体甚至会阻碍合作。例如，有实验发现，一般情况下，领导者的行为与群体目标相一致；然而，当领导者的权力在领导层变得不稳定，权力受到削弱时，领导者将会把自己的权力凌驾于集体利益之上，并会阻碍集体中有能力的个体发挥作用。类似的，处于劣势地位的个体之所以合作可能是为了换取他人合作（直接互惠或间接互惠理论），从而有利于提高自身生存和繁衍的机会。

第三节 教育心理学视野下的合作

一、合作与竞争的关系

（一）合作与竞争的社会价值取向

合作和竞争常常被视为相对的概念，合作被当成是竞争的反面，多数学者都采用单维视角，将竞争与合作作为一个连续体的两极，认为这个世界上存在竞争者和合作者，二者是不同的两类人，合作者把别人视为和自己类似的人，竞争者把别人视为与自己不同的人。这种视角的一个潜在假设是把合作和竞争放在了对立面。

有研究认为存在两种稳定的个体类型，可以被描述为合作者和竞争者。更确切地说，指从合作到竞争维度上存在稳定的个体差异。这两种类型的个体有着不同的世界观，对于别人的合作、竞争倾向也有着不同的看法。竞争者认为他人是同质性的，与他们自己一样，也是竞争性的；而合作者则认为他人是异质性的，有些人偏向合作，有些人则偏向竞争。这就是著名的“三角”假设。这种观念上的差异可以被解释为由这两种类型的人在社会交往中的不同经验导致的。

后来的研究则将这种稳定的个体差异称为“价值取向”或“社会价值取向”，并在实验研究中扩展“三角”假设，清晰地区分出四种类型的个体：竞争、个人主义、合作和利他主义。有学者认为存在一个动机连续体，从利他主义到竞争取向。价值取向是一个人对某种具体活动或事物的有用性、重要性和价值的判断，是个体行为的倾向性，在混合动机的游戏中，个体在合作或竞争上有不同的倾向性，这种倾向是相对稳定的。研究表明，合作者在两难游戏中，行为会被竞争者同化，甚至出现“过度同化”现象，即合作者表现出比竞争者还强的竞争性。

那么，这种改变是否意味着合作者本身并非具有纯粹的合作取向，或者改变只是发生在行为层面上？研究发现，合作者主观上仍然表现为合作取向，一旦遇到合作的程序，他们很容易又转回合作行为。这种“弹回”现象充分说明，当合作者遇到竞争者时改变的只是行为，他们内心的合作信念并没有改变。

（二）合作与竞争的双维度人格理论

谢晓非等（2006）更倾向于竞争与合作是一种人格特质的两个维度。组织成长中合作是必要条件，而竞争也成为员工追求职业发展和个人成功的重要推动力。在管理中，员工需要具有两种能力：合作的能力和竞争的能力。他们编制了合作与竞争的人格问卷，认为人格特质包含合作与竞争两个维度，如图9-1所示。

双维度的人格理论指出，合作维度包括三个因素：①合作倾向中的包容性维度主要表现为在与他人共同活动中，个体能够顾及他人的利益，考虑他人的意见；②互惠性维度，即个体意识到别人的付出是成功的必要条件，为达成目标应该而且必须与他人一同努力；③合群意愿维度，即在与他人协作过程中，个体能够享受共同活动所带来的愉悦感。

竞争维度也包括三个因素：①竞争倾向中的过度竞争维度，个体有意识地压制和操控他人以争取胜利；②自我成长维度，个体关注自身的成绩，努力让自己做到最好；③超越他人维度，与他人比较，个体希望自己表现得更加优秀。

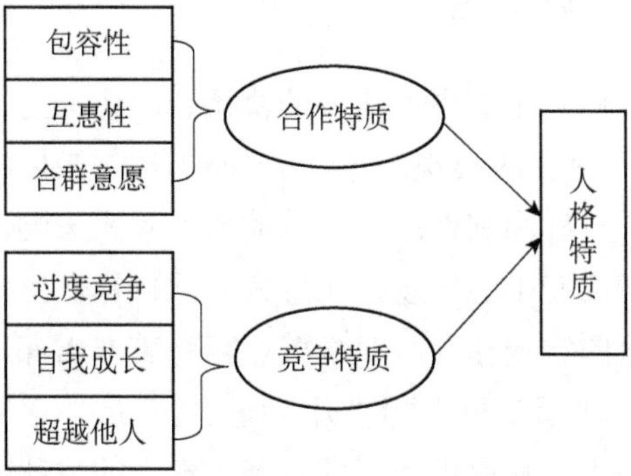

图 9-1　合作与竞争的双维度结构图

谢晓非等（2006）指出，合作导向和竞争导向作为两个反映人们人际关系的信念，它们之间并不是非此即彼的关系，而是可以共存的。也就是说，合作与竞争可以和谐地存在于一个人的行为方式中，既表现出合作，又表现为竞争。在需要竞争的环境中，个人积极表现自我，彰显卓越，力争上游；在需要合作的环境中，考虑互惠和利他，为了共同的目标携手前行。个人正是由于兼具合作和竞争两个方面的能力，才成为一个完整的个体，面对社会困境中的两难选择，因时因地而异地调整自身的合作策略，在合作中竞争，在竞争中合作。

合作和竞争不是一个维度的两极，而是两个独立的维度，有着不同的内涵。合作是指为追求共同的目标，个体愿意与他人进行协作的倾向性，在这一协作过程中，个体能够顾及他人利益，并从中体验因人际协调而带来的愉悦感。竞争是挖掘自身潜力，追求自我成长或者是在达成某一目标的过程中，个体试图比他人表现得更加优秀，超越他人的倾向性。

中国人能将合作和竞争作为两个互相独立的概念，而不是单维度的理论构念的两极。这大概源于一种辩证的思维，在中国传统文化中，人们常常用太极图来表达一个完整的概念，并认为没有什么是完全对立的，事物都处在发展变化的过程中，黑中有白，白中有黑，表达一个完整的存在。中国人往往主张用辩证的视角和中庸之道来保持对立视角中的基本元素。辩证思维是一种接受矛盾的认知取向。

二、合作能力与竞争能力的培养

（一）合作能力与竞争能力

合作能力是指工作、事业中所需要的协调、协作能力。合作是社会生活和教育层面上一种普遍存在的心理现象。合作活动的产生主要包含三个条件：①合作双方有共同的目标和利益；②合作的双方互为影响，不可分离；③合作的双方能够克服共同活动中的难题，愿意为共同目标做出努力。

竞争能力是教育的客观存在，对学校教育有着非常深刻的影响。教育视野下的竞争主要是指“成绩竞争”和“升学竞争”。升学竞争一方面可能导致教育的失败，另一方面也能够促进教育的发展。学生的成就动机，或者说对卓越的追求，就像是呼吸一样，是个人与生俱来的一部分，因此，就教育层面分析，不在于消除竞争，而在于如何使竞争规范化，创造一个公平、和谐的竞争环境。

在教育过程中，一些需要合作完成的活动能够增强团体的凝聚力，调动课堂气氛及学生积极性，培养和发展学生个性及品德；能够激发学生的潜能和智慧，提高学生的智力水平，使之更好地适应环境变化；能够促进学生彼此相互启发、激活思路、共同进步；能够培养学生互相学习和帮助的合作意识及习惯。但是，合作过程中极易忽视个别差异，可能使学生处于一种不自然甚至是焦虑的学习状态，阻碍其学习进步。

在教育活动中，处处都能体现竞争与合作，竞争与合作的平衡在教育活动中需要格外引起重视。只强调竞争，学生的心理压力大，而且无法完成大型的活动任务；只强调合作，又会打击能力强的学生的积极性和创造性。因此，注重竞争和合作的平衡是教育设计中的关键点。

（二）竞争与合作相统一

传统的学校教育过程中，竞争与合作往往是对立的两个方面。在这种状况下，学生多为竞争对手，而非合作伙伴，学习中无法实现“共赢”，学生之间的差距会越来越大。要改变这一状况，必须坚持竞争与合作的统一，打破传统意义上的竞争与合作相背离的思维模式，客观分析竞争与合作的关系。要正视人际关系中由竞争而引发的利益冲突，又要以共同利益为前提，形成正常的人际关系。合作与竞争是学校教育层面上的两个构成要素，教学不能忽略合作而只强调竞争，也不能抛开竞争只重视合作。没有合作，竞争就无所谓效率；没有竞争，合作就无所谓目的。因此，在教育层面上，合作与竞争只有被融合为“竞合”，并成为教育层面的主导者，才能推动学校教育的持续、健康及学生的全面发展。

现代社会充满了各种竞争，个人要适应这个社会，必然要有良好的竞争意识和竞争能力。21 世纪的主流社会，我们必须不断提升自身竞争力。同样，从学校教育层面上来说，竞争与合作是促进教育和谐发展的可靠保证。缺乏合作精神的人在学习上会孤立无援、难有建树，在激烈的竞争中也会被淘汰。毫不夸张地说，人类社会发展史就是一部竞争与合作的历史，学校教育也是竞争与合作的“和谐体”，教育过程中的每个个体既要具备竞争素质，又要具备合作素质。

合作意识与竞争意识是现代人应具备的六种素质中重要的两个方面。与其他竞争与合作类似，学校教育层面上的竞争与合作也存在消极与积极两个方面的影响，这就要求学生和教师树立起正确的竞争与合作意识，并认真对待有竞争与合作意识的学生。

第一，要发现其学习刻苦、自觉能动性强、争强好胜的一面；要客观分析已存在的分数和奖励第一的思想，以及学习只为拿第一和奖金的另外一面。

第二，通过正面教育来塑造学生科学的竞争意识和合作意识，让其充分了解竞争与合作的关系。

第三，在学习、生活实践中开展竞争合作，主要包括学习竞争、智力竞赛中的竞争等多方面。教师要善于观察学生的表现及心理状态，进行科学引导。在教学过程中，要不断提高他们的思想认识，培养其适应竞争的心理素质，使其正确看待成功与失败。

第四，要引导其有目的地学习，端正其学习目标，树立远大理想。针对有合作意识的学生，要尊重其自尊心与好奇心强、人际关系和谐的一面，同时也要考虑其受到合作活动的影响，学习处于较为被动的一面。

第五，在教学活动中，可鼓励学生开展合作，在合作过程中遵循公平原则来展开竞争，从而逐步提高合作效率的集体凝聚力及学生的竞争能力，使学生在竞争与合作的协调中健康成长。

简而言之，学校教育层面上的竞争与合作缺一不可。在实际工作中，必须统筹二者关系，在竞争中加强合作，在合作中提倡竞争，才能推动学校教育与学生的全面发展。

无节制的竞争具有破坏性，无原则的合作也难以为继，两种能力间应保持一种必要的平衡。这种平衡可使合作与竞争形成两种全新的形式，即合作性竞争和竞争性合作。

合作性竞争的核心是强调运用合作的思想和观念指导竞争，促使竞争对手之间密切合作，共同提高，优化竞争各方发展所需的资源要素。合作性竞争努力把个人之间的竞争转化成群体之间的竞争，它是“一种超越了过去的合作与竞争的规则，并且结合了两者优势的方法”。合作性竞争不同于“你荣我损”“你死我活”式的竞争。合作性竞争的结果不能仅是“我好，你不好”，而应是“我好，你也好”，甚或于达到“大家好，才是真的好”的最高境界。

竞争性合作是群体内外竞争基础上的合作。在群体外部竞争的压力下，群体成员必须通力合作，才能实现群体目标和个人目标。群体目标使个体积极地相互依赖，激发个体产生责任感。相互依赖使个体意识到他们不仅要对自己负责，而且要为其所在群体的其他成员负责。个体责任感促使个体在努力完成任务的基础上，还必须帮助同伴，保证群体其他成员都能完成任务。群体利益的分配往往根据个体责任感和“贡献水平”进行“按劳分配”，所以个体之间会展开对群体的“贡献水平”的竞争。

每个成员的贡献水平应该反映其参与情况、努力程度和责任感，合作使群体成员在问题解决阶段相互帮助，而非彼此竞争。这样，在群体内外竞争的激励下，每个群体成员都不断努力并相互合作来提升自己的实力、不断超越自我，以实现群体和个体的目标。

（三）竞争与合作统一教育的途径

在学校教育中，实现竞争与合作统一的途径如下。

1. 课程教育模式

课程教育模式可以比较系统地对学生进行竞争与合作教育，但从减负增效的角度看，课程教育模式的实施需要进一步讨论。学校可以适当通过心理教育课、班会课，也可以借助微型课程、定期专题讲座或团体辅导等模式，加强学生小组技能的教学和练习，以增强学生的竞争与合作意识，发展学生的竞争与合作能力。

2. 学科渗透模式

课堂教学是学生的主导活动，是实施竞争与合作教育的主阵地。课堂教学中，各科教师应渗透竞争与合作教育的思想和要求，引导学生在竞争与合作中学会学习，在学习中学会竞争与合作，对教学内容、方法和形式进行精心设计。教师可采用诸如学生小组成绩分工法、切块拼接法、小组游戏竞赛法等进行学科教学。

3. 活动培养模式

丰富多彩的活动可以扩充认知领域，优化竞争与合作素质。为此，教师要对竞争与合作活动做出具体规划设计，发挥活动的多重功能，可以有计划地组织文体活动、演讲辩论、学科竞赛等活动，激发学生竞争与合作的意识，为形成良好的竞争与合作素质奠定基础。

4. 环境熏陶模式

学生竞争与合作能力的发展需要有与之相适应的物质环境。要在学校中创设竞争与合作教育的氛围，加强校园文化建设，让环境充分展示激励作用，以轻松融洽的环境氛围激发学生热爱生活、奋发向上、积极进取、勇于竞争与合作的热情。教师要善于创设一种宽松融洽、生动活泼的人际环境，为学生提供一个自由驰骋的心理空间。

5. 自我教育模式

自我教育既是教育的途径，又是教育应该追求的最高境界。竞争与合作素质的发展不是依靠外力的强制，而是外界强化和自我内化的统一。只有自我教育，才能使学生形成主动积极、良好的竞争与合作素质。教师要在全面了解学生的基础上，指导学生学习竞争与合作的方法技巧，鼓励学生进行自我竞赛，不断超越自我。

6. 个别辅导模式

针对一些经常遭遇竞争失败的学生，教师要引导学生进行合理归因，不断调整心态，增强耐挫力。针对学生在竞争与合作过程中的某些不足之处，教师应有针对性地加以指导，提出合理发展方向的建议。

第十章

信任与合作的本土化

第一节　儒家思想与信任的关系

儒家思想的核心是儒家伦理，儒家伦理的核心是讨论角色关系的规范性。它以“五伦”为核心，分别为父子、夫妻、兄弟、君臣、朋友。“五伦”关系中家庭内的成员关系占主导，家庭外的社会关系为辅。但这不意味着二元对立思维的成立，因为在一种小家与大家的关联思维中，君臣关系是套在父子关系中来规范的，朋友关系是套在兄弟关系中来规范的。“五伦”实际上是在一种由里推向外、从大回到小、从特殊推向一般、从抽象回到具体的思维模式中建立起来的，这就是忠恕的方法。然而，推出去或者拉回来的关系更多是类比性的。例如，君臣如同父子，但毕竟不是父子；朋友如同兄弟，但毕竟不是兄弟，如果等同就成了墨子的“兼爱”。这是儒家不赞成并严加斥责的。或者说，由推己及人方式推出来的“仁”或“爱”是等差性的，它明显受限制于中国乡土社会的现实根基——扩大的家，包括由“五伦”所呈现的关系图。

理解了儒家伦理与家庭生活之间的契合性关系后，个体就能更好地理解孟子所谓的“五伦”规范。孟子给出的“五伦”规范是“父子有亲，君臣有义，夫妇有别，长幼有序，朋友有信”(《孟子·滕文公上》)。其中，以家庭内部成员的伦理规范来看，重点在于“亲”“别”“序”，可一旦扩展到外部两种关系后，重点则变成了“义”和“信”。

“亲”“别”“序”要规范的是亲情中的规矩和序列，而“义”和“信”要规范的是“人心”，背信弃义是一种对违背良心行为的谴责。这意味着在以家庭为中心的社会生活中，家庭成员间不存在信不信的问题，只有规矩与秩序好不好的问题，或者说信不信的问题不是家庭成员间要琢磨的事情，因为其血缘性所体现的“相依为命”“同舟共济”“一荣俱荣”等被设定为牢不可破和毋庸置疑的理念。当然，这也不是说家庭成员在事实上不发生背信弃义的事，而是个别情况不影响中国人在现实和价值上做这样的认定。在信任关系上中国人倾向于不考虑家人问题。

信任在中国文化的语境中不是有与无、特殊与一般的划分，而是一种从家人到陌生人之间的中间地带，这个地带表现出的意思是个体走出了家庭后，人们才考虑什么样的人值得和不值得信赖。在这一地带，有两种关系变得至关重要，一是君臣，一是朋友。如果将这两者套入家庭关系中，那么信任水平就高；如果把这两者留在社会关系中，信任水平就低。众所周知，君臣之间的信任关系到国家的盛衰、王朝的倾覆及个人的身家性命，既必须建立信任，又不得不保持警惕，不得不防备。由于这一问题过于严重，“信任”一词在分量上不但不够，而且无法涵盖，需要达到“赤胆忠心”“赴汤蹈火”“肝脑涂地”的地步。这就得使用“义”一字的含义，即“信”的最大化。可是对朋友来说，这样的程度显得没有必要，只要确保“义”的最小化，“信”就可以了。

忠义、信义是儒家文化的核心价值之一，人们津津乐道于此，并不证明每个中国人都能够做到，而是证明了这层关系凸显后其价值的重要与现实的纠结。朋友在中国是一个宽泛的概念，泛指各种熟人，西方人对这一概念的定义比较狭窄。中国人信任中比较宽阔的中间地带，就是官僚体制中的上下级关系与社交网络中朋友关系或熟人关系，再推出去，到了陌生人地带，即“五伦”涉及不了的关系，信任就消失了。信任与不信任、一般信任与特殊信任都属于二分法式的讨论。

二分法思维的背后隐藏着另一种社会根基，就是个人。以个人作为出发点来讨论信任问题，信任谁、不信任谁是在个人层面中建立信任，还是面对整个社会建立信任？可中国人的信任不是这样划分的。以家作为社会的根基，认同家里人的部分是信任触及不了的地带。它是一个自在的、超越于信任议题的部分，这好比我们讨论人的生命并不总是从氧气开始，可它却是自在而不可或缺的。当然，它之所以突然值得讨论是因为生命中的这部分缺失了，如在高原上或重病在身。

家人地带的关系可以叫作“放心关系”，朋友地带的关系叫作“信任关系”，生人地带的关系叫作“无信任关系”。可中国人际关系的复杂性还在于，如果有中间人的信任关系存在，不可能又会变得可能。这就是关系性视角，不是分类性视角所看到的信任。

以放心关系看信任，给我们带来的一个重要启示是，单凭儒家的道德教化和规范，并不能提升多少中国人的信任品质，而乡土社会和家庭生活所构成的长久稳定，是信任建立的真正保证。传统的伦理道德体系逐渐瓦解，而新的信用体系尚不健全。如果一个人长期被忽视其利益，那么个体一旦从长久和稳定的社会网络中挣脱出来，游走于四面八方，其所依托的家乡保护或者单位组织就消失了。当社会突然面临一个个自利性被不断放大的个人或团体时，社会必须承受的也就是自利性对信任公设的公然挑战。

第二节 社会转型与熟人信任的局限

一、传统关系伦理下的熟人信任

“差序格局”亦是对中国伦理社会的概括。费孝通（1998）认为中国社会是乡土社会，是熟人社会，“我们的格局不是一捆捆扎得清清楚楚的柴，而是好像一块石头丢在水面上所发生的一圈圈推出去的波纹……以己为中心，一圈圈推出去，愈推愈远，也愈推愈薄”。与“关系伦理”相一致，在差序格局中“社会关系是逐渐从一个个人推出去的，是私人联系的增加，社会范围是一根根私人联系所构成的网络”（费孝通，1998）。这是一个由近及远、由亲及疏、由熟悉到陌生的网络，因而在日常生活和社会交往中，人们总是依照由亲及疏、由近及远的逻辑行动，即由自己到家庭成员、直系亲属、亲密朋友等一圈圈向外扩散，扩散愈广，熟悉程度愈低，社会信任度也就愈低。

如果把社会关系熟悉程度与社会信任程度作为两个变量，那么社会关系熟悉程度越高，则信任程度便越强，二者呈现出非线性正相关关系。熟悉则信之，陌生则敬而远之。与熟人信任相关的是道德、情感。中国传统文化特别注重诚信，“诚，是指真诚不伪，诚信不欺，真实不妄，精诚不懈……信，是指诚实无欺，说话算数，严守信用，兑现诺言”。诚与信两个范畴又可互训，“诚，信也，从言成声”，“信，诚也，从人从言”（《说文解字》）。孔子说：“人而无信，不知其可也。”孟子把诚信看作人应走的正道，“思诚者”乃“人之正道也”。宋代的朱熹也说：“人道唯在忠信……人若不忠信，如木之无本，水之无源，更有甚的一身都空了。”诸如此类，不一而足。

可见，传统中国社会中，熟人信任偏重于“诚”，主要表现在道德良心的训诫，而不是规范性的制度约束。但缺乏规范制约的熟人关系往往导致关系的滥用，靠人情、面子、关系办事的现象大量存在，破坏了社会的游戏规则，导致腐败、不公平等一系列社会问题。人治传统、关系本位、重情轻理成为中国政治体制改革的最大顽症。

二、传统社会到市场经济

与简单商品交换秩序相联系的传统农耕社会，是以熟悉血缘、地缘为基础保证某些天赋性因素，以家庭、邻里、朋友群体及小规模共同体等构成基于情感联结为特征的信任关系。工业社会随分工的细化、分工的依赖及职业代际流动的日趋频繁，职业的主宰地位迅速攀升，逐渐取代血缘地缘关系而成为人际信任的主要基础。某些契约性的外在控制因素，如合同、职业规范等进入信任体系，进而成为市场秩序的重要调节因素。而到市场经济高度发达的现当代社会，人们的交往半径不再局限于熟人范围。“不在场”的陌生人之间的互动，如互联网的互动等越来越多，对角色位置、机构或者系统所产生的基于制度的信任，正以一种普遍主义的价值态势凸显，给以往由血缘和地缘为联结的特殊主义取向的信任模式带来挑战。

这段从传统到现代的过程不是完全割裂的，而是连续性的、路径依赖的。“过去”的传统其实包含在两个历史阶段内：一是中华人民共和国成立前中国传统社会有着儒家文化特征的社会信任体系，以家本位为主的人际信任模式，以及与之对应的简单物质生活下的差序格局秩序；二是中华人民共和国成立后计划经济的确立，本质上是运用政府信任，以国本位的机构信任模式取代了原有的家本位的社会信任体系，顺从权威、依附单位是那个时代中国人的整体群像，对应的经济秩序是国家大一统管理与强国家范式的再分配秩序、再分配权力的统治秩序。

在以改革开放为界的当下，中国社会成功完成了由再分配经济向市场经济制度的转型，迎来了市场力量盛行的经济发展。并且，中国的市场经济并非直接生长于自发的资本发育与资本竞争，而是源自再分配经济体制，市场转型过程中形成的“双轨制”、政府引导的自上而下的“顶层设计”改革和草根推动的自下而上的“边缘革命”改革构成了中国区别于所有西方发达国家市场经济的重要特色。换句话说，正是政府和民间“双强”的通力合作成就了中国经济市场转型的成功。那么，这种区别于西方的现代市场经济秩序应该与怎样的信任模式相对应呢？制度信任最终将取代过程信任和特征信任，成为维护现代市场经济秩序的基石。制度信任在其形成过程中，存在一个从制度控制的契约合同信任向制度安排下的信任文化的跨越，即制度需要上升为稳定的、全社会成员共享的思想。简言之，能够与中国现代市场经济秩序相配合的信任关系应该是社会本位的制度信任模式。

三、社会转型与熟人信任的局限

市场经济条件下熟人信任的合法性受到巨大冲击。熟人信任维系了传统中国社会中的人际关系与社会交往合作，但自中国改革开放尤其是20世纪90年代以来，中国正经历着一次全面而深刻的社会转型，即从自给、半自给的产品经济社会向有计划的商品经济社会转型，从农业社会向工业社会转型，从乡村社会向城镇社会转型，等等。这种转型的过程同时也是生产方式、生活方式和价值观念转变的过程，在这一过程中，社会流动与社会交往的频次、强度和范围不断增加和扩大，社会互动的匿名性、短暂性也不断扩大，传统乡土社会的熟人信任关系网络的作用在现代社会中呈现出逐渐弱化的趋势。无论社会生产还是社会生活，人们往往要置身于不同的场景，面对各异的人群，而不能固守一隅，更不能“鸡犬之声相闻，老死不相往来”。虽然社会关系网络仍然是人们社会生活的主要范围和依托，但其边界无疑已经变得模糊并大大地扩展了。因而，熟人关系和熟人信任在快节奏的社会生活中变得相对淡化，与现代社会相比，它充其量只能存在于乡土中国中，人与人之间的信任更多存在于血缘、宗族中，称为“熟人信任”，人际关系主要靠血缘和伦理道德来维持，离开乡土，进入市民化的公共生活，信任关系较难维持，人们之间的信任水平较低，迟迟没有建立起“制度信任”。

从乡土中国到现代中国，诚信的问题仍无法让人满意。1990年，美国学者英格雷哈特主持的“世界价值研究计划”调查显示，相信大多数人是值得信任的人，占被调查者的60%。1996年再次调查，这个数字已经跌到50%。而到1998年，王绍光（2002）的调查显示，只有约30%的中国人相信社会上大多数人是值得信任的。这些数据表明，现代中国的人际信任呈下滑趋势，信任仍旧是一个问题。2008年，三鹿奶粉事件、华南虎照片事件等，再一次挑战了人们的信任底线，公众发现所谓名牌企业、权威部门，居然也弄虚作假，危害社会安全，可以说，这些事件使公众信任水平降得更低。

近年来，在商业推销等活动中，我们常常听说“杀熟”现象。“杀熟”现象的一个直接后果，就是将最核心的人与人之间的熟人信任关系破坏殆尽。如前文所述，在我们这样一个伦理社会中，基本的信任关系本来是围绕熟人建立起来的，相对于其他信任结构来说，熟人信任是最基本的信任结构之一。“杀熟”现象在某种程度上削弱了熟人之间的互相信任，即使是熟人，也不敢贸然相信。熟人之间涉及利益关系时，更倾向于模仿与陌生人的交往模式。这是对熟人之间人际关系心理假设方面的破坏，中国人一般没有心理准备，所以才能被一些人频频得手，在“杀熟”的作用下，熟人信任也遭到了破坏。事实上，随着社会的发展和分化的程度增加，无论个人还是组织，其开展沟通合作绝不会仅仅在有限和固定的范围内进行，而必须融入更多的人群和组织空间，从“熟人信任”走向“陌生人信任”乃是大势所趋。

陌生人信任可理解为，在熟人关系网络和熟人信任力量式微的形势下，个人或组织将更多地与其他陌生对象（个人或组织）进行交往、开展合作，并希求这种交往合作的有效性和确定性。熟人信任在市场经济条件下逐渐显露出弊端，而陌生人信任又缺乏相应的制度保障机制。

第三节 从熟人信任到制度信任

一、制度信任的先进性

有学者在研究文化变迁的特征时发现，相互依赖的各部分所组成的文化在发生变迁时，各部分变迁的速度是不一致的，有的部分变化快，有的部分变化慢，结果就会造成各部分之间的不平衡、差距和错位，由此产生社会问题。

一般来说，物质文化总是先于非物质文化发生变迁，物质文化变迁快于非物质文化变迁，两者不同步，于是就产生了差距。与此相应，现在的中国社会，社会转型加剧，市场经济快速发展，而相应的社会规范却相对滞后，表现在社会信任问题上就是熟人信任衰落，而新型的信任结构却未及时出现。那么，在中国社会由传统社会向现代社会转型的过程中，制度信任可以成为建构当下社会信任的有效途径。可用图 10-1 来表示这一变迁过程。

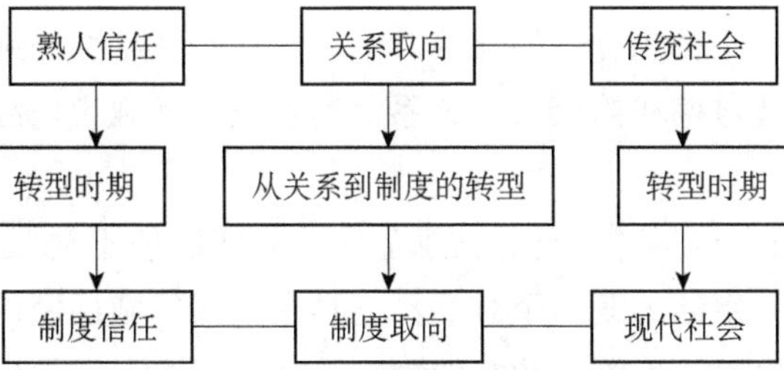

图 10-1 从熟人信任走向制度信任（王建民，2006）

中国社会由传统的关系取向的熟人信任逐渐向现代的制度取向的制度信任转变。所谓制度信任，是相对于传统的熟人信任而言的，是社会生活中个人、组织或群体对现有社会制度（包括规章、规则、法规、条例等契约形式）的肯定和认可，认为制度约束下的交往对象能确保个人、组织或群体的生理、心理和社会活动的安全，进而认为制度约束下的交往对象、交往行为和交往过程是值得信赖的。

如前文所述，在中国传统社会中，关系取向与熟人信任是社会交往的主要依据，而缺少规范性的制度约束，虽然有一定程度的法律法规，但乡土社会中的中国人却往往“无讼”，维持礼俗的力量不在身外的权力，而是内心的良心。所以这种秩序注重修身、注重克己。梁漱溟（2005）说：“社会秩序所以维持，在西洋为法律，在中国则倚重习俗。近代法律之本在权利，中国礼俗之本则情与义也。”

在理性化的市场经济中，礼俗与关系的作用虽然仍在约束着人们的思想和行为，但在更广泛的社会范围内，还需要更多的制度发挥作用。一项优良的社会保障制度会带给人足够的安全感，使人在下岗失业、年老体衰或遭到意外伤亡时，有切实可行的人身保障。而且，如果这一制度运行无碍，人们就会予以肯定和认可，即“制度信任”。不同于熟人信任那样是在一定区域内的熟人群体间发生的，制度信任不依赖于某种特殊的礼俗或个人意志。制度信任是对社会领域内公认为有效的契约的信任，它通过信任制度来信任个人，因而更具有普遍性，超越个人、群体的范围，产生广泛的约束效力。呼唤并建立制度信任是转型时期社会发展的客观要求，其意义表现在以下四个方面。

1）制度信任适应了改革开放和市场经济发展的客观要求。在市场经济的条件下，人与人之间交往的匿名性、易变性往往会削弱传统的信任关系，而制度信任恰恰提供了一种制度性的保障。市场经济是法制经济和道德经济，制度信任可以弥补伦理道德在约束人际关系上的缺点，增强市场经济活动的稳定性和有效性。

2）制度信任扩大了社会信任的范围。制度信任不局限于某个人群、地域，不局限在社会生活的某一个方面，它具有广阔的施展空间和广泛的适应领域。制度能打破血缘、地缘、业缘的限制，使任何个人、组织、国家之间建立广泛的信任成为可能。

3）制度信任便于维护社会交往双方或多方的利益，减少为信任付出的代价。由于制度是规范的、成文的和相对稳定的规定，它通过对违反制度者的惩罚来补偿受害一方的损失，从而减少受害方的物质损失和心理伤害。所以制度信任是“有法可依”“违法必究”的信任，使人们即使遭遇失信行为时也可以寻求补偿、减少损失，这是熟人信任所不及的。

4）制度信任强化了信任的简化机制。制度信任认事不认人，按规章制度办事，排斥人情纠葛和人情垄断，摒弃“拉关系”“走后门”等烦琐的环节，简化信任建立的过程，从而可以大跨度地缔结社会信任关系。

二、制度信任的必要性

中国的社会转型动摇了长期以来形成的血缘、地缘与业缘关系，冲击了传统的熟人社会网络关系和熟人信任，市场经济的发展促使陌生人信任逐渐增强。但熟人信任具有天生的欠规范性，而陌生人信任又尚未有相应的完善的制度保障，所以加强制度信任便成为抵御信任危机、重建社会信任并促进社会发展的必由之路。唯其如此，社会关系才能得到有力的维持，社会才会良性运行和协调发展。

信任是社会系统的润滑剂，信任是减少交易成本的一种方法，也被称为“社会资本”。社会资本指的是社会组织的某种特征，如信任、规范和网络，它们可以通过促进合作行为而提高社会效率。社会资本是在社会或其下特定的群体之中成员之间的信任普及程度，法律、契约、经济理性只能为后工业化社会提供稳定与繁荣的必要却非充分基础。唯有加上互惠、道德义务、社会责任与信任，才能确保社会的繁荣稳定。一个社会的信任度越高，社会资本就会越多，这就意味着越能节约社会成本。例如，偷窃、诈骗、高犯罪率的社会必然信任度较低，社会就必须花费较多的财力来设置更多的警力和监狱对付这些违法犯罪行为，这无疑提高了社会成本，也减少了在其他公共事业上的投资费用。

无论何时，在一项交易中，任何能确保交易双方同时获利的规章制度都是需要付出成本的，如合法契约、物品抵押、惩罚监督制度等，相比较而言，信任确实是低成本的，“夜不闭户，路不拾遗”曾经是古人用来评价一个村子里人与人之间互相信任的场景。时至今日，公平诚信的社会风气，无疑仍是值得努力的目标。从社会层面看，通过社会关系和网络，在人际交往的过程中遵守公平诚信的原则，倡导公平诚信的社会风气，无疑是群体合作困境的出路之一。

传统的做法是对背信者进行惩罚，让背信者付出高昂的代价来合作，对合作者则进行奖励。但是从长远来看，惩罚破坏了人们内在的合作动机，内在的合作动机主要是信任，因此，以惩罚提高的合作难以长久维持。惩罚系统一经设置，就很难取消，而且惩罚及由此形成的一整套社会制度，是需要付出运行和监督成本的。例如，财政预算中相当一部分是政府工作人员的办公经费和工资，并由此派生出来的对滥用公权的监督费用等。由此可见，解决群体合作困境，惩罚系统及其衍生的相关制度建设是一种方法，却是一种昂贵的解决办法，惩罚制度的建设和运行增加了人们的社会交易成本。传统文化中的仁、义、礼、智、信等不再深埋于故纸堆中，而成为人们的一种道德标准和行为准则，从我做起，从小事做起，表达善行，传递善心。所以说，从个人层面来看，德行教育能加深对人类本性的理解，对于复杂的人性进行善意的引导，这可以促使人们在社会群体合作困境中积极主动地合作。

三、制度信任的构建

（一）以道德为基础，加强社会精神文明建设

道德是悠久历史文化的积淀和最重要的非正式制度；道德是人类社会永恒的话题，无论何时都不能丢。即使良善的制度也要有内在道德的匹配，否则，良善制度的履行也只能是空话。法律固然重要，但也不能过多地侵犯道德的空间，否则，人与人之间便只有法律条文而丧失友善和温情。那么在现实生活中就要倡导以“爱国守法，明礼诚信，团结友善，勤俭自强，敬业奉献”为主要内容的基本道德规范。在全社会广泛开展群众性精神文明创建活动，提高全民思想道德素质和科学文化素质。非正式制度的思想、风俗、习惯也起着重要作

用，这与社会精神文明建设密不可分，也是转型时期陌生人信任的基础与底线，是制度建设和制度信任的土壤。

（二）加强法制建设，切实保证各项制度实施生效并对违反制度者予以惩罚

在道德自律的基础上需要法律制度的运行。在社会各个领域需要严格的行业制度、职业规范与行为准则，使社会行动有法可依、有章可循，社会成员按规章办事。这不仅可以保障社会交往合作的安全，从长远角度来看还会提高办事效率。如果说道德是规范文化建设的基础，那么正式制度的建设则是规范文化建设的主体和根本保障。

惩罚强制人们按照公平互惠的规则行事，增强制度信任，维持合作。对破坏公认社会道德规范的行为施加惩罚，逐渐演变成一项社会制度，违法犯罪必遭法律制度惩罚成为一项社会制度。从制度层面来看，设立中立的惩罚或制裁机构来进行监督，成为普遍的社会管理模式。从西方到东方，各种社会制度的建设和改革莫不在“摸着石头过河”，但尽可能的高效率、低成本的公共物品供给已达成共识。由于政府具有强制性力量，法律制度成为惩罚方式的集中体现。逐步完善的规章制度直接反映社会倡导的社会道德规范，成为保证群体合作的有效制度保障。因此，人们不约而同地认为公共物品的供给应由政府来提供，这样，从政府层面来看，群体合作困境就变成国家政府的供给问题。例如，政府提供公共物品与市场提供私人物品之间的恰当组合，政府提供公共物品所花费的成本和代价，以及合理地确定提供公共物品和财政支出的规模等。

（三）建立并发挥各种中介组织的作用

中介组织往往扮演着中立、公平的角色，在一定程度上能够消解利益主体之间的权利不平等。诸如银行、公证机构、法院、工会等，它们能协调社会交往、合作各方的利益关系，约束其失信行为，保证合作有效进行。由于有了这些第三方机构，交往和交易行为就有了约束和监督机制，当失信与欺骗行为发生时，也容易采取补救措施，减少对当事人造成的物质或精神损害。当然，发挥中介组织的作用要避免政府权力的过多介入和干预，这已被社会实践所证实。

（四）健全社会监督机制

监督分为内部监督和外部监督两种，内部监督包括自我监督，如生产厂家自己的质量检测和系统内部上级对下级的检查。外部监督则是指由有公信力且有控制力的第三者实行监督。这样，监督为社会信任提供了内外双重保障。必须指出的是，监督应该是多层次的，监督者也应该接受监督，这就要求加大舆论监督的力度，扩大和加深人民群众参政议政的广度和深度。

（五）建立职业道德体系

建立职业道德体系，从而规范职业监管、社会监管和个人的信用评价制度，营造长治久安的制度认同，抑制信任危机，影响国家与市场经济的整体秩序。当社会存在法律和道德的失范时，无论是整个政治社会还是国家，都不能建立起现在所缺的规范体系。只有从事同一行业的人聚集在一起所组成的法人团体或职业群体，才能作出某些有效的规定，以满足和指导人们的需求。因为职业群体与其成员的经济收入、经济生活密切相关，职业群体的共同经历有组织生活的功能。唯有职业群体能够形成一套其成员不得不遵守的规范、道德原则，并据此顺利地构成人人自觉遵守的规范制度，才能达成共同体的团结。因而，我们将职业群体置于国家与市场之间，通过职业吸收社会的大部分力量，以职业道德的确立作为解决信任缺失的突破口，就可能带动全局摆脱市场经济的无序状态，达到社会整合。

（六）建立以公民文化为底蕴的普遍主义信任模式

普遍主义信任模式取代了基于礼俗的特殊取向的关系信任模式和行政依附式的机构信任模式。市场是普遍主义取向的，背后的支撑不是小圈子文化，不是权威的臣民文化，而是公民文化。公民文化最早由埃尔·阿尔蒙德提出的政治文化推演而来，强调公民参与、公民责任感、公民能力和公民主体性地位等。它是一种建立在积极交流、参与基础上的多元文化和自主文化。公民文化不由教育习得，而是在主动参与的实践中培养起来的。志愿性组织或志愿性团体如专业协会、宗教团体、艺术或体育活动俱乐部、服务团体、自组织的教育团体等是公民文化的具体载体。国内外对志愿性组织与社会资本的研究甚多，不少研究都证实，这类团体性生活与人际信任相互关联。参与志愿性组织的活动可以促进具有共同目标的不同个体间的互动，有利于提升一般信任水平。因此，现阶段可以通过建立各行各业的职业规范，发展积极向上的志愿性团体或组织，培育公民意识，营造基于制度认同的公民信任文化，以此促进社会力量的不断成长，社会“双强”格局下，突出中国市场经济的特色，保持平稳和谐的社会发展。

参考文献

埃尔菲·艾恩. 2006. 奖励的惩罚. 程寅，艾斐译. 上海：上海三联书店：10～12.

奥勒夫·尼尔逊，谢尔·尼尔逊. 2007. 新国际化：竞争与合作. 教育发展研究，Z1：18～23.

陈芮. 2007. 心理学与经济学的互涉. 南京师范大学博士学位论文：97.

陈晓萍. 2013. 走出社会困境：有效诱导合作的心理机制. 北京：北京大学出版社：222～237.

陈欣. 2016. 人际信任、社会价值取向、感戴与合作的关系探讨. 心理研究，4：41～48.

陈欣，叶浩生. 2007. 两难中合作行为研究的回顾和展望. 心理科学进展，5：743～748.

陈欣，叶浩生. 2009. 行为博弈视野下信任研究的回顾. 心理科学，32（3）：636～639.

陈欣，赵国祥，叶浩生. 2014. 公共物品困境中惩罚的形式与作用. 心理科学进展，1：160～170.

程淑华，李欣，韩毅初. 2017. 群际接触对外群体信任的影响：内群体认同的中介效应. 心理学探新，1：54～58.

池丽萍. 2013. 信任：父母的代内相似和亲子的代际传递. 心理学报，3：336-341，343～344.

崔立中，周永梅，于秀丽. 2002. 略论合作教育在我国素质教育中的地位和作用. 沈阳教育学院学报，3：23～25.

崔丽莹. 2011. 中小学生人际信任、成就动机及其与合作倾向的关系研究. 心理科学，3：613～618.

戴维·巴斯. 2015. 进化心理学——心理的新科学. 张勇，蒋柯译. 北京：商务印书馆：136～142.

丁芳，范李敏，张露. 2016. 小学儿童尴尬情绪理解能力、情绪状态对其合作行为的影响. 苏州教育学院学报，33（2）：84～88.

董志勇. 2005. 行为经济学. 北京：北京大学出版社：45～57.

范红霞，马逸群，高培霞. 2016. 人际熟悉度影响信任水平的情境效应. 心理技术与应用，4（3）：135～138.

费孝通. 1998. 乡土中国——生育制度. 北京：北京大学出版社：7～26.
冯·诺依曼，摩根斯坦. 2004. 博弈论与经济行为. 王文玉，王宇译. 北京：生活·读书·新知三联书店：1017～1021.
冯现刚，王青. 2011. 大学生家庭亲密度、适应性与人际信任的关系. 医学与社会，24（7）：75～78.
福柯. 1999. 规训与惩罚. 刘北成，等译. 北京：生活·读书·新知三联书店：115～126.
高培霞，李常洪. 2015. 领导者自我牺牲与情绪表达对下属合作的影响. 中国管理科学，23（6）：162～168.
郭青林. 2012，心理健康教育视野下中学生竞争与合作能力的培养. 中学时代，（18）：219.
韩世辉，朱滢. 2007. 认知神经科学. 广州：广东高等教育出版社：167～172.
何力舟，卞冉，车宏生. 2013. 社会价值取向和反馈方式对公共物品困境中决策行为的影响. 心理科学，36（2）：446～452.
黄仁宇. 2001. 中国大历史. 北京：生活·读书·新知三联书店：233～234.
黄少安，姜树广. 2013. 制度性惩罚与人类合作秩序的维持. 财经问题研究，（11）：3～9.
黄斯涅. 2015. 公共物品自愿缴费机制的实验经济学研究进展. 经济学动态，（1）：109～121.
黄昱方，王宏姣. 2016. 基于社会困境视角的工作场所中员工助人的行为决策. 企业改革与管理，（1）：63～64.
蒋波，丁梦扬. 2007. 竞争合作教育的意义、导向与途径. 天津教育，（9）：42～43.
蒋波，谭顶良. 2007. 论竞争与合作教育. 江西教育科研，（11）：18～20.
金志成，何艳茹. 2005. 心理实验设计及其数据处理. 广州：广东高等教育出版社：63～66.
康廷虎，白学军. 2012. 任务类型和性别属性对人际信任的影响. 心理发展与教育，（5）：456～462.
科林·凯莫勒. 2006. 行为博弈——对策略互动的实验研究. 贺京同，韩梅，那艺，等译. 北京：中国人民大学出版社：33～54.
肯尼斯·S. 博登斯，布鲁斯·B. 阿博特. 2008. 研究设计与方法. 袁军，等译. 上海：上海人民出版社：63～72.
李艾丽莎，张庆林. 2006. 决策的选择偏好研究述评. 心理科学进展，14（4）：618～624.
李彩娜，孙颖，拓瑞，等. 2016. 安全依恋对人际信任的影响：依恋焦虑的调节效应. 心理学报，（8）：989～1001.
李国强. 2001. 选择与超越：关于竞争还是合作的思考. 教育发展研究，（2）：54～57.
李宁，严进，金鸣轩. 2006. 组织内信任对任务绩效的影响效应. 心理学报，38（5）：

770～777.
李纾. 2005. 确定、不确定及风险状态下选择反转："齐当别"选择方式的解释. 心理学报，37（4）：427～433.
李纾. 2006. 发展中的行为决策研究. 心理科学进展，14（4）：490～496.
李婷玉，刘黎，朱莉琪. 2017. 4～6 岁幼儿经济博弈中的信任行为及其影响因素. 心理学报，49（1）：17～27.
李维. 2006. 社会心理学新发展. 上海：上海教育出版社：245～256.
李颖，张振，黄亮，等. 2014. 社会困境中博弈决策的理论模型与神经机制. 河南教育学院学报（自然科学版），（2）：50～54.
连洪泉，周业安，左聪颖，等. 2013. 惩罚机制真能解决搭便车难题吗？——基于动态公共品实验的证据. 管理世界，（4）：69～81.
梁漱溟. 2005. 中国文化要义. 上海：上海世纪出版集团：301～312.
刘长江. 2016. 社会困境中的合作：人与情境的交互作用. 北京：科学出版社：157～177.
刘长江，邓诗懿. 2009. 基于社会困境视角的组织公民行为研究. 外国经济与管理，31（11）：52～57.
刘长江，郝芳. 2011. 不对称社会困境中社会价值取向对合作的影响. 心理学报，43（4）：432～441.
刘长江，郝芳. 2014. 社会困境问题的理论架构与实验研究. 心理科学进展，22（9）：1475～1484.
刘长江，郝芳. 2015. 不对称社会困境中的决策：行为的双重模式. 心理科学进展，23（1）：1～10.
刘长江，李岩梅，李纾. 2007. 实验社会心理学中的社会困境. 心理科学进展，15（2）：379～384.
刘春晖，辛自强，林崇德. 2013. 主题情境和信任特质对大学生信任圈的影响. 心理发展与教育，29（3）：255～261.
刘东旭. 2014. 社会两难困境中合作的性别角色差异. 东方企业文化，（2）：216.
刘国芳，林崇德. 2013. 构建信任指数，建设和谐社会. 北京师范大学学报（社会科学版），（1）：25～32.
刘国芳，辛自强，林崇德. 2016. 经济人信念对信任的影响：信任主题的调节作用. 心理科学，（1）：166～171.
刘国芳，辛自强. 2014. 惩罚对信任与合作的影响：争论与解释. 上海师范大学学报（哲学社会科学版），43（1）：146～152.

刘鹤玲. 2000. 亲缘、互惠与驯顺：利他理论的三次突破. 自然辩证法研究，16（3）：7～11.
刘鹤玲，陈净. 2008. 利他主义的科学诠释与文化传承. 江汉论坛，（6）：32～35.
刘建岭. 2010. 感戴研究进展. 首都师范大学学报（社会科学版），2（193）：80～84.
刘耀中，窦凯. 2015. 人际控制感对合作行为的影响：一项囚徒困境的 ERPs 研究. 心理科学，（3）：643～650.
陆竞文. 2011. 大学生感戴教育的研究述评. 西南农业大学学报（社会科学版），3（9）：142～145.
路易吉诺・布鲁尼，皮尔・路易吉・波尔塔. 2007. 经济学与幸福. 傅红春，文燕平译. 上海：上海人民出版社：36～42.
罗伯特・艾克斯罗德. 2007. 合作的进化（修订本）. 吴坚忠译. 上海：上海人民出版社：13～15.
罗德里克・M. 克雷默，汤姆・R. 泰勒. 2003. 组织中的信任. 管兵，刘穗琴，等译. 北京：中国城市出版社：150～184.
马剑虹，刘满霞. 2006. 社会两难行为理性特点的实验分析. 心理学报，29（2）：290～293.
马剑虹，徐美玲. 2011. 信任及其对公共财物两难博弈中合作行为影响. 应用心理学，（1）：10～17.
马楠. 2016. “基于‘值’选择”倾向对社会困境中合作行为的促进. 社会心理科学，（1）：6～8.
马云献，扈岩. 2004. 大学生感戴量表的初步编制. 中国健康心理学杂志，12（5）：387～389.
潘敏. 2007. 信任问题——以社会资本理论为视角的探讨. 浙江社会科学，2（3）：104～108.
潘天群. 2005. 博弈思维——逻辑使你决策制胜. 北京：北京大学出版社：123～125.
潘越. 2013. 论学校教育中的竞争与合作. 中国成人教育，（4）：7～9.
祁顺生，贺宏卿. 2006. 组织内信任的影响因素. 心理科学进展，14（6）：918～923.
斯科特・普劳斯. 2004. 决策与判断. 施俊琦，王星译. 北京：人民邮电出版社：83～94.
孙庆民. 2009. 认知倾向的社会交换理论. 国外社会科学，（2）：26～33.
托马斯・谢林. 2006. 冲突的战略. 赵华，等译. 北京：华夏出版社：96～112.
汪丁丁. 2004. 斯密的幽灵. IT 经理世界，（1）：92.
汪丁丁. 2005. 制度分析基础讲义. 上海：上海人民出版社：23～32.
汪丁丁，韦森，姚洋. 2005. 制度经济学三人谈. 北京：北京大学出版社：112～123.
汪丁丁，叶航，罗卫东. 2007. 经济学 3 人谈. 上海：上海人民出版社：150～184.
汪凤炎. 2006. 论羞耻心的心理机制、特点与功能. 江西教育科研，（10）：34～37.
汪凤炎. 2007. 中国传统德育心理学思想及其现代意义（修订本）. 上海：上海教育出版

社：13～17.
汪凤炎，郑红. 2004. 中国文化心理学. 广州：暨南大学出版社：10～18.
汪向东. 1993.《心理卫生评定量表手册》增刊. 北京：中国心理卫生杂志社：150～151.
王春永. 2007. 博弈论的诡计. 北京：中国发展出版社：14～15.
王建民. 2006. 转型时期中社会的关系维持——从“熟人信任”到“制度信任”. 甘肃社会科学，(6)：165～168.
王静，张寒梦，郑俊. 2015. 人情法则制约下的大学生合作行为研究. 中国青年研究，(10)：87，100～104.
王立峰. 2006. 惩罚的哲理. 北京：清华大学出版社：50～64.
王沛，梁雅君，李宇，等. 2016. 特质认知和关系认知对人际信任的影响. 心理科学进展，(5)：815～823.
王润稼. 2015. 儒家思想基础上的中国本土信任伦理探析. 北方工业大学学报，27(4)：5～10.
王绍光，刘欣. 2002. 信任的基础：一种理性的解释. 社会学研究，(3)：23～39.
王晓一，李微，杨美荣. 2008. 大学生人际信任与自我和谐的相关研究. 北京：中国健康心理学杂志，(6)：646～647.
王益文，张振，原胜，等. 2015. 重复信任博弈的决策过程与结果评价. 心理学报，(8)：1028～1038.
王赟，魏子晗，沈丝楚，等. 2016. 世纪科学之问“合作行为是如何进化的”——中国学者的回应. 科学通报，(61)：20～33.
王重鸣，邓靖松. 2007. 团队中信任形成的映象决策机制. 心理学报，39(2)：321～327.
魏娟，丁燕云. 2007. 家庭教育对民办高职院校学生人际信任的影响. 新课程研究（职业教育），(8)：4-5.
吴思. 2005. 血酬定律——中国历史中的生存游戏. 北京：中国工人出版社：150～184.
谢文澜，汪祚军，王霏，等. 2013. 合作行为的产生机制及影响因素—— 基于进化心理学视角下的探讨. 心理科学进展，21(11)：2057～2063.
谢晓非，陈曦. 2002. 合作意识的认知成分分析. 心理科学，(3)：314～317，383.
谢晓非，孔瑞芬，陈曦，等. 2000. 儿童合作倾向与家长价值观. 心理科学，(6)：699～702，762～767.
谢晓非，余媛媛，陈曦，等. 2006. 合作与竞争人格倾向测量. 心理学报，38(1)：116～125.
辛素飞，明朗，辛自强. 2013. 群际信任的增进：社会认同与群际接触的方法. 心理科学进展，(2)：290～299.
辛自强，窦东徽，陈超. 2013. 学经济学减低人际信任？经济类专业学习对大学生人际信任的影响. 心理科学进展，1：31～36.
辛自强，辛素飞. 2014. 被信任者社会身份复杂性对其可信性的影响. 心理学报，46（3）：415～426.
辛自强，周正. 2012. 大学生人际信任变迁的横断历史研究. 心理科学进展，（3）：344～353.
休谟. 1997. 人性论：下册. 关文运译. 北京：商务印书馆：11～19.
徐芬，蔡维香，马凤玲，等. 2013. 面孔信任评价及其与信任倾向的关系. 心理与行为研究，（4）：433～439.
徐芬，邹容，马凤玲，等. 2012. 大学生面孔信任评价的自动化加工. 心理发展与教育，（5）：449～455.
亚当•斯密. 2001. 国富论. 杨敬年译. 西安：陕西人民出版社：6～10.
亚当•斯密. 2004. 道德情感论. 谢祖钧译. 西安：陕西人民出版社：9～18.
亚当•斯密. 2008. 道德情操论. 焦维娅译. 合肥：安徽教育出版社，36.
闫大卫. 2006. "不选择"也是一种选择——"社会困境"博弈中拒绝游戏的作用与意义. 当代经济研究，（8）：11～15，73.
严进，王重鸣. 2000. 两难对策中价值取向对群体合作行为的影响. 心理学报，32（3）：332～336.
严进，王重鸣. 2002. 两难情景下任务结构与价值取向的效用特征转换. 心理学报，34（5）：529～533.
严进，王重鸣. 2003. 群体任务中合作行为的跨阶段演变. 心理学报，35（4）：499～503.
严瑜，吴霞. 2016. 从信任违背到信任修复：道德情绪的作用机制. 心理科学进展，（4）：633～642.
杨莉萍. 2006. 社会建构论心理学. 上海：上海教育出版社：69～72.
姚莉. 2007. 论社会困境的治理模式——兼论地方政府合作治理公共物品的限度. 新疆社科论坛，（1）：27～31.
姚莉，操世元. 2007. 社会困境治理模式的经济学分析. 社科纵横，（4）：61～63.
姚琦，乐国安，赖凯声，等. 2012. 信任修复：研究现状及挑战. 心理科学进展，（6）：902-909.
叶初升，孙永平. 2005. 信任问题经济学研究的最新进展与实践启示. 国外社会科学，（3）：9～16.
叶航. 2012. 公共合作中的社会困境与社会正义——基于计算机仿真的经济学跨学科研究. 经济研究，（8）：132～145.

叶浩生. 2005. 进化心理学思维方式的变革及其意义. 心理科学进展，13（6）：847～855.
余嘉元. 2001. 当代认知心理学. 南京：江苏教育出版社：78～80.
约翰·罗尔斯. 2009. 正义论. 何怀宏，何包钢，廖申白译. 北京：中国社会科学出版社.
乐国安，韩振华. 2009. 信任的心理学研究与展望. 西南大学学报（社会科学版），35（2）：1～5.
翟学伟. 2013. 也谈儒家文化与信任的关系. 社会科学，（6）：70～76.
张兰萍，周晖. 2011. 幼儿基于信息判断的选择性信任——与亲社会行为及决策判断的关系. 心理发展与教育，（1）：71～75.
张宁，张雨青，吴坎坎. 2011. 信任的心理和神经生理机制. 心理科学，34（5）：1137～1143.
张婍，王二平. 2010. 社会困境下政治信任对公众态度和合作行为的影响. 心理科学进展，（10）：1620～1627.
张书维，许志国，徐岩. 2014. 社会公正与政治信任：民众对政府的合作行为机制. 心理科学进展，22（4）：588～595.
张维迎. 1996. 博弈论与经济信息学. 上海：上海人民出版社：34～36.
张蔚，张振，高宇，等. 2016. 经济决策中人际信任博弈的理论模型与脑机制. 心理科学进展，24（11）：1780～1791.
张振，张帆，黄亮，等. 2014. 决策中社会价值取向的理论与测评方法. 心理科学进展，22（1）：48～56.
章哲明，金盛华，吴嵩，等. 2013. 公共资源困境中领导对群体成员合作行为的影响. 心理学报，（4）：453～465.
赵国祥，陈欣. 2006. 初中生感戴维度研究. 心理科学，29（6）：1300～1302.
赵竞，孙晓军，周宗奎，等. 2013. 网络交往中的人际信任. 心理科学进展，（8）：1493～1501.
周怡. 2013. 信任模式与市场经济秩序. 社会科学，（6）：58～69.
朱明科，张雪怡. 2007. 关于学校教育中竞争与合作的思考. 桂林师范高等专科学校学报，（3）：85～87.
朱滢. 2006. 心理实验研究基础. 北京：北京大学出版社：93～112.
庄锦英. 2006. 决策心理学. 上海：上海教育出版社：68～80.
A. 卡尔. 2004. 儿童与青少年临床心理学. 张建新，等译. 上海：华东师范大学出版社：3～35.
Fehr E，Fischbacher U，Kosfeld M. 2013. 信任与社会偏好的神经经济学基础——初步证据.

韦倩译. 经济资料译丛，（1）：18～24.

Adams G S，Mullen E. 2011. The social and psychological costs of punishing. Behavioral and Brain Sciences，35（1）：15～16.

Adolphs R，Gosselin F，Buchanan T W，et al. 2005. A mechanism for impaired fear recognition after amygdala damage. Nature，433（7021）：68～72.

Aimone J A，Houser D，Weber B. 2014. Neural signatures of betrayal aversion：An fMRI study of trust. Proceedings of the Royal Society of London B：Biological Sciences，281（1782）：2013～2127.

Aimone J A，Houser D. 2012. What you don't know won't hurt you：A laboratory analysis of betrayal aversion. Experimental Economics，15（4）：571～588.

Axelrod R. 1984. Effective choice in the prisoner's dilemma. Journal of Conflict Resolution，24（2）：3～25.

Balliet D. 2010. Communication and cooperation in social dilemmas：A meta-analytic review. Journal of Conflict Resolution，（54）：39～57.

Bartlett M Y，DeSteno D. 2006. Gratitude and prosocial behavior：Helping when it costs you. Psychology Science，17（4）：319～325.

Baumard N. 2010. Has punishment played a role in the evolution of cooperation? A critical review. Mind & Society，9（2）：171～192.

Baumard N. 2011. Punishment is not a group adaptation. Mind & Society，10（1）：1～26.

Baumard N. 2012. The restorative logic of punishment：Another argument in favor of weak selection. Behavioral and Brain Sciences，35（1）：17～18.

Baumgartner T，Heinrichs M，Vonlanthen A，et al. 2008. Oxytocin shapes the neural circuitry of trust and trust adaptation in humans. Neuron，58（4）：639-650.

Baumgartner T，Knoch D，Hotz P，et al. 2011. Dorsolateral and ventromedial prefrontal cortex orchestrate normative choice. Nature Neuroscience，14（11）：1468～1474.

Berg J E，Dickhaut J，McCabe K. 1995. Trust，reciprocity，and social history. Game and Economic Behavior，（10）：122～142.

Bernhard H，Fischbacher U，Fehr E. 2006. Parochial altruism in humans. Nature，442（7105）：912～915.

Binzel C，Fehr D. 2013. Social distance and trust：Experimental evidence from a slum in Cairo. Journal of Evelopment Economics，（103）：99～106.

Bohnet I，Zeckhauser R. 2004. Trust，risk and betrayal. Journal of Economic Behavior &

Organization，55（4）：467～484.

Boon S D，Holmes J G. 1999. Interpersonal risk and the evaluation of transgressions in close relationships. Personal Relationships，6（2）：151-168.

Bowles S，Gintis H. 2004. The evolution of strong reciprocity：cooperation in heterogeneous population. Theoretical Population Biology，65（1）：17～28.

Burnham T，McCabe K，Smith V L. 2000. Friendor-foe intentionality priming in an extensive form trust game. Journal of Economic Behavior & Organization，43（1）：57～73.

Camerer C F. 1997. Progress in behavioral game theory. The Journal of Economic Perspectives，11（4）：167～188.

Cameron C D，Payne B K，Knobe J. 2010. Do theories of implicit race bias change moral judgments？Social Justice Research，23（4）：272～289.

Carpenter J P. 2007. The demand for punishment. Journal of Economic Behavior & Organization，72：522～542.

Carpenter J P，Matthews P H，Okomboli O. 2004. Why punish？Social reciprocity and the enforcement of prosocial norms. Journal of Evolutionary Economics，14（4）：407～429.

Carpenter J，Matthews P H. 2009. What norms trigger punishment？Experimental Economics，12（3）：272～288.

Chen J，Zhong J，Zhang Y X，et al. 2012. Electrophysiological correlates of processing facial attractiveness and its influence on cooperative behavior. Neuroscience Letters，517（2）：65～70.

Cubitt R P，Drouvelis M，Gächter S. 2011. Framing and free riding：Emotional responses and punishment in social dilemma games. Experimental Economics，14（2）：254～272.

Cummings L L，Bromiley P. 1996. The organizational trust inventory （OTI）. In：Kramer RM，Tyler TR（Eds）. Trust in Organizations：Frontiers of Theory and Research. Thousand Oaks：Sage，302～330.

Dawes R M. 1980. Social dilemmas. Annual Review Psychology，（31）：169～193.

de Kwaadsteniet E W，Rijkhoff S A，van Dijk E. 2013. Equality as a benchmark for third-party punishment and reward：The moderating role of uncertainty in social dilemmas. Organizational Behavior and Human Decision Processes，120（2）：251～259.

de Quervain D J，Fischbacher U，Treyer V，et al. 2004. The neural basis of altruistic punishment. Science，27（8）：1254～1258.

Dela R M. 2012. Corporate governance and corruption：Ethical dilemmas of Asian business groups. Journal of Business Ethics，109（4）：501～519.

Delgado M R，Frank R H，Phelps E. A. 2005. Perceptions of moral character modulate the neural systems of reward during the trust game. Nature Neuroscience，8（11）：1611～1618.

Dimoka A. 2010. What does the brain tell us about trust and distrust? Evidence from a functional neuroimaging study. MIS Quarterly，34（2）：373～396.

Dunning D，Anderson J E，Schlösser T，et al. 2014. Trust at zero acquaintance：More a matter of respect than expectation of reward. Journal of Personality and Social Psychology，107（1）：122～141.

Fareri D S，Chang L J，Delgado M R. 2012. Effects of direct social experience on trust decisions and neural reward circuitry. Frontiers in Neuroscience，（6）：148.

Fehr E，Fischbacher U，Gächter S. 2002. Strong reciprocity，human cooperation，and the enforcement of social norms. Human Nature：An Interdisciplinary Biosocial Perspective，13（1）：1～25.

Fehr E，Gachter S. 2000. Cooperation and punishment in public goods experiments. The American Economic Review，90（4）：980～994.

Fehr E，Gachter S. 2003. Altruistic punishment in humans. Nature，415：137～140.

Fehr E，Hart O，Zehnder C. 2011. Contracts as reference points—experimental evidence. The American Economic Review，101（2）：493～525.

Fehr E，Hoff K，Kshetramade M. 2008. Spite and development. The World Bank，Policy Research Working Paper Series，98（2）：494-499.

Fehr E，List J A. 2004. The hidden costs and returns of incentives-trust and trustworthiness among CEOs. Journal of the European Economic Association，2（5）：743～771.

Fehr E，Rockenbach B. 2003. Detrimental effects of sanctions on human altruism. Nature，（42）：137～140.

Fehr E，Schmidt K M. 1999. A theory of fairness，competition，and cooperation. Quarterly Journal of Economics，114（3）：817～868.

Fehr E. 2004. Don't lose your reputation. Nature，432（7016）：449～450.

Fehr S C. 2009. States spar with credit rating agencies. McClatchy Tribune Business News，167～172.

Feng C L，Luo Y J，Krueger F. 2015. Neural signatures of fairness-related normative decision making in the ultimatum game：A coordinate-based meta-analysis. Human Brain Mapping，36（2）：591～602.

Ferrin D L，Bligh M C，Kohles J C. 2008. It takes two to tango：An interdependence analysis of the spiraling of perceived trustworthiness and cooperation in interpersonal and intergroup relationships. Organizational Behavior and Human Decision Processes，（107）：161～178.

Fetchenhauer D，Dunning D. 2009. Do people trust too much or too little? Journal of Economic Psychology，30（3）：263～276.

Fetchenhauer D，Dunning D. 2012. Betrayal aversion versus principled trustfulness—How to explain risk avoidance and risky choices in trust games. Journal of Economic Behavior & Organization，81（2）：534～541.

Fett A K J，Gromann P M，Giampietro V，et al. 2014. Default distrust? An fMRI investigation of the neural development of trust and cooperation. Social Cognitive and Affective Neuroscience，9（4）：395～402.

Fouragnan E，Chierchia G，Greiner S，et al. 2013. Reputational priors magnify striatal responses to violations of trust. The Journal of Neuroscience，33（8）：3602～3611.

Giddens A. 1999. The constitution of society. Cambridge：polity，Trust：A Sociological theory. Cambridge：Cambridge University Press：136～145.

Gintis H，Fehr E. 2012. The social structure of cooperation and punishment. Behavioral and Brain Sciences，35（1）：28～29.

Gintis H. 2000. Strong reciprocity and human sociality. Journal of Theoretical Biology，206：169～179.

Gintis H. 2008. Punishment and cooperation. Science，319（7）：1345～1346.

Greenberger D B，Miceli M P，Cohen D J. 1987. Oppositionists and group norms：The reciprocal influence of whistle-blowers and co-workers. Journal of Business Ethics，6（7）：527～534.

Greene J D，Sommerville R B，Nystrom L E，et al. 2001. Investigation of emotional engagement in moral judgment. Science，293（14）：2105～2108.

Gremer D D，Snyder M，Dewitte S. 2001. The less I trust，the less I contribute （or not）? The effects of trust，accountability and self-monitoring in social dilemmas. European Journal of Social Psychology，（31）：93～107.

Gromann P M，Heslenfeld D J，Fett A K，et al. 2013. Trust versus paranoia：Abnormal response to social reward in psychotic illness. Brain，（136）：1968～1975.

Gromann P M，Shergill S S，de Haan L，et al. 2014. Reduced brain reward response during cooperation in first-degree relatives of patients with psychosis：An fMRI study. Psychological

Medicine，44（16）：3445～3454.

Guala F. 2012. Reciprocity：Weak or strong? What punishment experiments do（and do not）demonstrate. Behavioral and Brain Sciences，35（1）：1～15.

Haas B W，Ishak A，Anderson I W. 2015. The tendency to trust is reflected in human brain structure. NeuroImage，（107）：175～181.

Hall M A，Dugan E，Zheng B，et al. 2001. Trust in physicians and medical institutions：What is it，can it be measured? The Milbank Quarterly，79（4）：613-639.

Hamilton W D. 1964. The genetical evolution of socialbehaviour. Journal of Theoretical Biology，（7）：1～52.

Hammerstein P，Leimar O. 2006. Cooperating for direct fitness benefits. Journal of Evolutionary Biology，（19）：1400～1402.

Henrich J，Boyd R，Bowles S，et al. 2005. "Economic man" in cross-cultural perspective：Behavioral experiments in 15 small-scale societies. Behavioral and Brain Sciences，28（6）：795～815.

Henrich J，McElreath R，Barr A，et al. 2006. Costly punishment across human societies. Science，312（23）：1769～1772.

Hoff K，Kshetramade M，Fehr E. 2009. Caste and punishment：The legacy of caste culture in norm enforcement. The World Bank，Policy Research Working Paper Series：5040～5046.

Houser D，Xiao E，McCabe K，et al. 2008. When punishment fails：Research on sanctions，intentions and non-cooperation. Games and Economic Behavior，（62）：509～532.

Johnson N D，Mislin A A. 2011. Trust games：A meta-analysis. Journal of Economic Psychology，32（5）：865～889.

Kahneman D，Tversky A. 1979. Prospect Theory：A analysis of decision under risk. Econometric，47（2）：263～292.

Kang Y，Williams L E，Clark M S. et al. 2011. Physical temperature effects on trust behavior：The role of insula. Social Cognitive and Affective Neuroscience，6（4）：507～515.

Kerns J G，Cohen J D，MacDonald A W，et al. 2004. Anterior cingulated conflict monitoring and adjustments in control. Science，303（5660）：1023～1026.

King R D，Wheelock D. 2007. Group threat and social control：Race，perceptions of minorities and the desire to punish. Social Forces，85（3）：1255～1280.

King-Casas B，Sharp C，Lomax-Bream L，et al. 2008. The rupture and repair of cooperation in borderline personality disorder. Science，321（5890）：806～810.

King-Casas B，Tomlin D，Anen C，et al. 2005. Getting to know you：Reputation and trust in a two-person economic exchange. Science，308（5718）：78～83.

Kirsch P，Esslinger C，Chen Q，et al. 2005. Oxytocin modulates neural circuitry for social cognition and fear in humans. The Journal of Neuroscience，25（49）：11489～11493.

Kiyonari T，Barclay P. 2008. Cooperation in social dilemmas：Free riding may be thwarted by second-order reward rather than by punishment. Journal of Personality and Social Psychology，95（4）：826～842.

Knoch D，Schneider F，Schunk D，et al. 2009. Disrupting the prefrontal cortex diminishes the human ability to build a good reputation. Proceedings of the National Academy of Sciences of the United States of America，106（49）：20895～20899.

Koscik T R，Tranel D. 2011. The human amygdala is necessary for developing and expressing normal interpersonal trust. Neuropsychologia，49（4）：602～611.

Kosfeld M，Heinrichs M，Zak P J，et al. 2005. Oxytocin increases trust in humans. Nature，435（7042）：673～676.

Kragel P A，Zucker N L，Covington V E，et al. 2015. Developmental trajectories of cortical-subcortical interactions underlying the evaluation of trust in adolescence. Social Cognitive and Affective Neuroscience，10（2）：240～247.

Krueger F，Grafman J，McCabe K. 2008a. Neural correlates of economic game playing. Philosophical Transactions of the Royal Society of London B：Biological Sciences，363（1511）：3859～3874.

Krueger J I，Massey A L，Di Donato T E. 2008b. A matter of trust：From social preferences to the strategic adherence to social norms. Negotiation and Conflict Management Research，1（1）：31～52.

Laurent D，Masclet D，Noussair C N. 2007. Punishment，counterpunishment and sanction enforcement in a social dilemma experiment. Economic Theory，33（1）：145～156.

Ledyard J. 1995. Public goods：a survey of experimental research. In J. Kagel，A. Roth.（Eds.）. Handbook of Experimental Economics，Princeton：Princeton University Press，35～46.

Lewis D，Weigert A. 1985. Trust as social reality. Social Forces，63（4）：967～985.

Luhman N. 1988. Familiarity，Confidence，Trust：Problems and Alternative. Trust：Making and Breaking Cooperative Relations. Oxford：Basil Blackwell，94～108.

Ma Q，Meng L，Shen Q. 2015. You have my word：Reciprocity expectation modulates feedback-related negativity in the trust game. Plos One，10（2）：e0119129.

Masclet D，Villeval M. 2006. Punishment，inequality，and welfare：A public good experiment. Social Choice and Welfare，31（3）：475～502.

Mayer R C，Davis J H，Schoorman F D. 1995. An integrative model of organizational trust. Academy of Management Review，20（3）：709～734.

McCabe K，Houser D，Ryan L，et al. 2001. A functional imaging study of cooperation in two-person reciprocal exchange. Proceedings of the National Academy of Sciences of the United States of America，98（20）：11832～11835.

Mccullough M E，Tsang J A，Emmons R A. 2004. Gratitude in intermediate affective terrain：Links of grateful moods to individual differences and daily emotional experience. Journal of Personality and Social Psychology，86（2）：295～309.

Milinski M，Rockenbach B. 2008. Human behaviour：Punisher pays. Nature，452（7185）：297～298.

Mohr P N C，Biele G，Heekeren H R. 2010. Neural processing of risk. The Journal of Neuroscience，30（19）：6613～6619.

Moretto G，Sellitto M，di Pellegrino G. 2013. Investment and repayment in a trust game after ventromedial prefrontal damage. Frontiers in Human Neuroscience，7（1）：593.

Mulder L B，Eric V D，De Cremer D，et al. 2006. Undermining trust and cooperation：The paradox of sanctioning systems in social dilemmas. Journal of Experimental Social Psychology，42（2）：147～162.

Mulder L B，van Dijk E，Wilke H A M，et al. 2005. The effect of feedback on support for a sanctioning system in a social dilemma：The difference between installing and maintaining the sanction. Journal of Economic Psychology，26（3）：443～458.

Mulder L B，Verboon P，Cremer D，2009. Sanctions and moral judgments：The moderating effect of sanction severity and trust in authorities. European Journal of Social Psychology，39（2）：255～269.

Nikiforakis N. 2008. Punishment and counter-punishment in public goodgames：Can we really govern ourselves? Journal of Public Economics，（92）：91～112.

Nikiforakis N，Normann H，Wallace B. 2010. Asymmetric enforcement of cooperation in a social dilemma. Southern Economic Journal，76（3）：638～659.

Norman K A，Polyn S M，Detre G J，et al. 2006. Beyond mind-reading：Multi-voxel pattern analysis of fMRI data. Trends in Cognitive Sciences，10（9）：424～430.

Olsson-yaouzis N. 2012. An evolutionary dynamic of revolutions. Public Choice，151（3-4）：497～515.

Ostrom E. 2012. Experiments combining communication with punishment options demonstrate how individuals can overcome social dilemmas. Behavioral and Brain Sciences，35（1）：33～34.

Posten A C，Ockenfels A，Mussweiler T. 2014. How activating cognitive content shapes trust：A subliminal priming study. Journal of Economic Psychology，（41）：12～19.

Putnam R D. 1993. Making Democracy Work. Princeton：Princeton University Press：23～45.

Quervain D J，Fischbacher U，Treyer V，et al. 2004. The neural basis of altruistic punishment. Science（Washington），305（5688）：1254～1258.

Rabin M. 1993. Incorporating fairness into game theory and economics. America Economic Revolution，83：1281～1302.

Rebers S，Koopmans R. 2012. Altruistic punishment and between-group competition. Human Nature：An Interdisciplinary Biosocial Perspective，23（2）：173～190.

Riedl R，Hubert M，Kenning P. 2010. Are there neural gender differences in online trust? An fMRI study on the perceived trustworthiness of eBay offers. MIS Quarterly，34（2）：397～428.

Riedl R，Javor A. 2012. The biology of trust：Integrating evidence from genetics，endocrinology，and functional brain imaging. Journal of Neuroscience，Psychology，and Economics，5（2）：63～91.

Rockenbach B，Milinski M. 2006. The efficient interaction of indirectreciprocity and costly punishment. Nature，444（7）：718～723.

Rosecrance R. 1981. Reward，punishment，and interdependence. Journal of Conflict Resolution，25（1）：31～46.

Rotter J B. 1967. A new scale for the measurement of interpersonal trust . Journal of Personality，（4）：61～76.

Rousseau D M，Sitkin S B，Burt R S，et al. 1998. Not so different after all：A cross-discipline view of trust. Academy of Management Review，23（3）：393～404.

Rubin S S. 1986. Cheating，ethics，and graduate training in professional psychology：Crime and punishment or misjudgment and repair. Professional Psychology：Research and Practice，17（1）：10～14.

Seligman M P. 2000. Positive psychology：An introduction. American Psychologist，55（1）：

5～14.

Sheppard B H，Sherman D M. 1998. The grammars of trust：A model and general implications. Academy of Management Review，23（3）：422～437.

Shinada M，Yamagishi T. 2007. Punishing free riders：Direct and indirect promotion of cooperation. Evolution and Human Behavior，28（5）：330～339.

Shutters S T. 2009. Strong reciprocity，social structure，and the evolution of fair allocations in a simulated ultimatum game. Computational and Mathematical Organization Theory，15（2）：64～77.

Simpson B. 2006. Social identity and cooperation in social dilemmas. Rationality and Society，18（4）：443～470.

Simpson J A. 2007. Psychological foundations of trust. Current Directions in Psychological Science，16（5）：264～268.

Singer T，Kiebel S J，Winston J S，et al. 2004. Brain responses to the acquired moral status of faces. Neuron，41（4）：653～662.

Skatova A，Ferguson E. 2013. Individual differences in behavioural inhibition explain free riding in public good games when punishment is expected but not implemented. Behavioral and Brain Functions，9（1）：3～8.

Sober E，Wilson D S. 1998. Unto Others：The Evolution and Psychology of Unselfish Behavior. Cambridge：Harvard University Press.

Spielberger C D. 1997. Factor striation of the state-trait anger expression inventory. Journal of Personality Assessment，69（3）：497～507.

Stanley D A，Sokol-Hessner P，Fareri D S，et al. 2012. Race and reputation：Perceived racial group trustworthiness influences the neural correlates of trust decisions. Philosophical Transactions of the Royal Society of London B：Biological Sciences，367（1589）：744～753.

Taggar S，Neubert M J. 2008. A cognitive（attributions）—emotion model of observer reactions to free-riding poor performers. Journal of Business and Psychology，22（3）：167～177.

Todorov A. 2012. The role of the amygdala in face perception and evaluation. Motivation and Emotion，36（1）：16～26.

Tzieropoulos H. 2013. The trust game in neuroscience：A short review. Social Neuroscience，8（5）：407～416.

van Honk J，Eisenegger C，Terburg D，et al. 2013. Generous economic investments after basolateral amygdala damage. Proceedings of the National Academy of Sciences of the United States of America，110（7）：2506～2510.

von Rueden C R，Gurven M. 2012. When the strong punish：Why net costs of punishment are often negligible. Behavioral and Brain Sciences，35（1）：43～44.

Wang Y W，Huang L，Lin C D，et al. 2012. Spatio-temporal brain dynamics of understanding social versus private intentions：An electrical neuroimaging study. Neuro Quantology，10（4）：733～743.

Wang Y W，Huang L，Zhang W，et al. 2015. Spatio-temporal dynamics of kind versus hostile intentions in the human brain：An electrical neuroimagingstudy. Social Neuroscience，10（3）：253～267.

Wang Y W，Lin C D，Yuan B，et al. 2010. Person perception precedes theory of mind：An event related potential analysis. Neuroscience，170（1）：238～246.

Wang Y W，Roberts K，Yuan B，et al. 2013. Psychophysiological correlates of interpersonal cooperation and aggression. Biological Psychology，93（3）：386～391.

Wang Y W，Yuan B，Roberts K，et al. 2014. How friendly is a little friendly competition? Evidence of self-interest and empathy during outcome evaluation. International Journal of Psychophysiology，91（3）：155～162.

Wang Y W，Zheng Y W，Lin C D，et al. 2011. Electrophysiological correlates of reading the singleand interactive-mind. Frontiers in Human Neuroscience，5：64.

Wardle M C，Fitzgerald D A，Angstadt M，et al. 2013. The caudate signals bad reputation during trust decisions. Plos One，8（6）：e68884.

Weber J M，Kopelman S，Messick D M. 2004. A conceptual review of decision making in social dilemmas：Applying a logic of appropriateness Personality and Social Psychology Review，8：281.

Weber J M，Kopelman S，Messick D M. 2004. A conceptual review of decision making in social dilemmas：Applying a logic of appropriateness. Personality and Social Psychology Review，8（3）：281～307.

Wood A M，Joseph S，Maltby J. 2008. Gratitude uniquely predicts satisfaction with life：Incremental validity above the domains and faceta of the five factor model. Personality & Individual Differences，45（1）：49～54.

Yamagishi T，Hayashi N. 1996. Selective Play：Social Embeddedness of Social Dilemmas. Berlin：Springer Berlin Heidelberg：234～245.

Yamagishi T，Kikuchi M，Kosugi M. 1999. Trust，gullibility，and social intelligence. Asian Journal of Social Psychology，2（1）：145～161.

Yamagishi T，Mifune N，Li Y，et al. 2013. Is behavioral pro-sociality game-specific? Pro-social preference and expectations of pro-sociality. Organizational Behavior and Human Decision Processes，120（2）：260～279.

Yamagishi T，Sato K. 1986. Motivational bases of the public goods problem. Journal of Personality and Social Psychology，50（1）：67～73.

Yamagishi T. 1992. Group size and the provision of a sanctioning system in a social dilemma. International Series in Experimental Social Psychology，（23）：267～287.

Zucker L G. 1986. Production of trust：institutional sources of economic structure，research in organizational behavior，（8）：1920～2840.

附　录

附录一　人际信任与信任行为的实证研究

一、对象

70 名本科二年级大学生参加了正式实验研究，其中男生 29 人，女生 41 人，年龄为 19～21 岁，平均年龄为 20.09 岁，裸视或矫正视力正常，均自愿参加实验，以前未参加过类似实验，对实验目的不明确。被试的其他情况见附表 1。

附表 1　被试的基本情况　　单位：人

家庭所在地			独生子女	
城市	农村	乡镇	是	否
26	20	24	48	22

被试的分派：被试担当不同角色进行投资游戏，每个游戏进行一次。重复测量的话，共有 6 种顺序组合，每种顺序组合呈现一次。为避免顺序效应，每个被试按一定顺序取一遍。共 6 种顺序，分配给某个被试哪种顺序，取决于被试编号。被试分为 6 组，因此 1、7、13……号被试分配给 order1；2、8、14……号被试分配给顺序 order2，以此类推。order1=A1A2A3，order2=A1A3A2，order3=A2A1A3，order4=A2A3A1，order5=A3A2A1，order6=A3A1A2。

二、方法

（一）实验动机调查

为了感谢您的参与，请选择您希望的酬谢方式。

（★注意：最终依据大多数被试选择的方式给予酬谢）

A. 投资有赚也有赔，赚取的代币换算成真实的金钱支付给您（100 个代币=10 元），损失的代币您不需拿钱赔付。

B. 给予每个人 20 元作为酬谢。

C. 其他。

（二）《人际信任量表》

采用《人际信任量表》作为人际信任的测量问卷，了解被试对一般人的可信性、诚实、善良、慷慨和友爱等是否有信心。

量表一共五道题，总分在 1 分（五项均有信心）和 6 分（五项均无信心）之间。该量表的重复性系数为 0.92，其中前 4 项超过 0.90。得分高者大多数选择社会工作、人事工作和教育工作，相反得分低者大多选择推销、商业金融和广告业，不同职业人群之间的得分差异反映出本量表的聚合效度。

该量表有 2 个选择性项目和 3 个“同意—不同意”式项目。正性回答表明被试对人性缺乏普遍的信心。选择带 * 号的答案记 1 分，各项得分累积后加 1 即为量表总分。

量表的指导语：请表明您对下列陈述的态度。回答没有对错之分，不要对任何一个陈述花太多的时间去考虑。

1）有人说多数人是值得信任的，也有人说与其他人交往时必须特别小心。你的看法如何呢？

*多数人值得信任　　　　*与人交往时必须小心

2）你认为多数人是喜欢帮助别人还是只喜欢照顾自己？

*喜欢帮助别人　　　　*只喜欢照顾自己

3）如果你自己不小心，其他人就会占你的便宜。

*同意　　　　*不同意

4）当你专心处理某件事情时，没有人会关心你遇到了什么事。

*同意　　　　*不同意

5）人从本质上来讲是富有合作精神的。

*同意　　　　　　　　　　　　　　*不同意

（三）信任游戏的内容

有两个参与者：投资者与接受者。还有一位旁观者，他不参与投资过程，但他知道投资者的决定，可以减少投资者的所得代币数，即实施惩罚，但是这种惩罚是一种有代价的惩罚方式，即减少对方多少个代币，自己付出多少个代币作为成本。

投资者有两个选择：①保留代币；②将代币交给接受者。假如投资者保留代币，那么两人各得 20 个代币（20，20），接受者不需要做任何决策。假如投资者将代币交给接受者，那么接受者有两个选择：①投资者得 5 个代币，自己得 50 个代币（5，50）；②两人各得 30 个代币（30，30）。

被试被随机分到实验处理中，投资者和接受者各一次。若在键盘上按“1”意味着被试做出利己的决策，若按“2”意味着做出公平的决策。

对投资者而言，按“1”表明，他不信任后投资者；按“2”，则意味着他做出一个信任决策。对接受者而言，按“1”表明，他做出利己决策，不值得被信赖；按“2”，则意味着他做出一个公平决策，是可信赖的。所以，信任游戏可以评定个体的信任程度和可信赖程度。

信任游戏中，先、后投资者的决策任务，如附表 2 所示。

附表 2　信任游戏的收益矩阵

决策任务		收益	
		投资者	接受者
投资者	自己做主（利己决策，按“1”键表示）	20	20
	信任别人（信任决策，按“2”键表示）		
接受者	违背信任（利己决策，按“1”键表示）	5	50
	回报信任（信任决策，按“2”键表示）	30	30

（四）实验设计与过程

1. 实验设计

信任游戏实验为单因素重复测量设计。自变量为投资角色，包含 3 个水平，A1=投资者，A2=接受者，A3=旁观者；因变量为按键反应，是按“1”还是“2”。

2. 实验任务

【A1】这一次投资，您是投资者，选择按“1”自己做主；还是按“2”给予后投资者代币？

【A2】这一次投资，您是接受者，投资者先选择了按“2”，您选择按“1”还是按“2”？

【A3】这一次投资，您的角色是旁观者，有减少参与人代币的权利。您付出多少个代币，参与人就相应减少多少个代币，输入数目不能超出给定范围（0～20）：

1）如果投资者按“1”选择自己做主（20，20），您愿意付出多少个代币惩罚先投资者？（0～20）

2）如果投资者按“2”，给予接受者信任；而接受者按“1”，选择利己决策（5，50），您愿意付出多少个代币惩罚接受者？（0～20）

3. 指导语和实验过程

【指导语】欢迎您参加本实验！

1）本书是想了解人们的“投资—回报”心理，共三个研究，需要 30 分钟左右。

2）在研究中，用“代币”代替真实的金钱。系统预先支付一定数额的“代币”给您，作为投资基金。

3）本书将涉及一些简单的数学计算，您可以心算，也可以使用手边的纸笔进行计算。

4）答题没有时间限制，也不要求速度。

5）请单独完成，禁止与他人交流。若有疑问，可举手示意。

被试先完成实验动机调查和《人际信任量表》的测量任务，然后进入信任游戏的实验部分，确保理解信任游戏后，呈现 A1、A2、A3 六种顺序组合中的一次，即每个被试分别担当三种投资角色各一次。

4. 仪器和材料

实验仪器为联想电脑，配置为 Intel（R）Pentium（R）Dual E2140@1.60 GHZ，联想 17 寸液晶显示器。实验时显示器分辨率为 1024×968 像素，监视器刷新频率为 75 赫兹。

实验程序用心理学实验专用开发软件 Inquisit 3.0.2.0 编制，在 Windows XP 操作系统上运行。人际信任与信任行为的实证研究的操作流程如附图 1

所示。

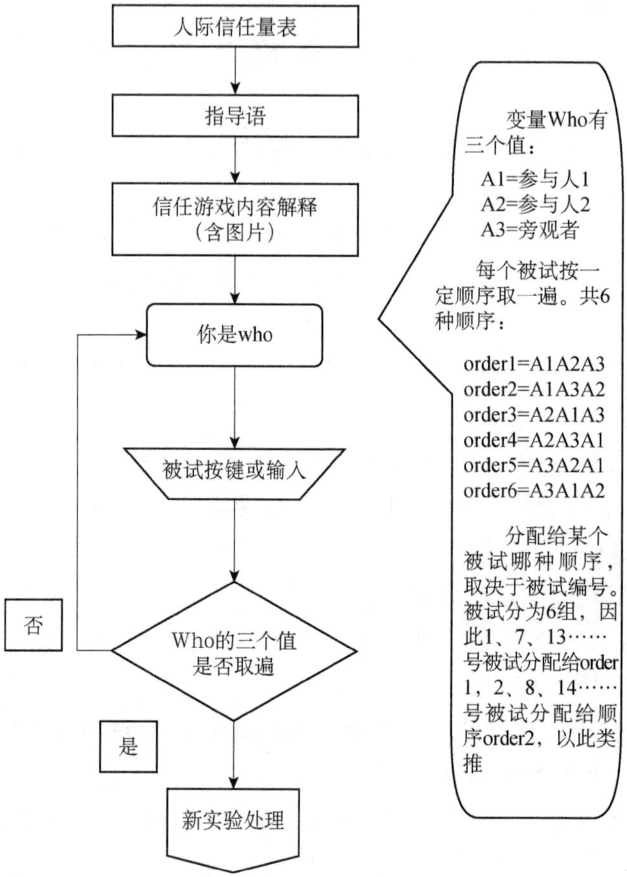

附图 1　信任游戏的实验流程

5. 统计与分析

使用 SPSS11.0 进行统计分析与处理，用 Microsoft Excel 绘制图，小数点后超出两位的统计结果四舍五入，小数点后保留两位。

三、结果

（一）人际信任与信任表现的不一致

“被试酬谢方式”一题的选择结果显示，选择 A 选项“多赚多得”的被试 24 人（34%），选择 B 选项“每人 20 元”的被试 38 人（54%），选择 C 选项

“其他”的被试 8 人（12%）。据此，在实验结束时，采取的酬谢方式是：每个被试给予 20 元，作为酬谢。

《人际信任量表》测量的是特质水平上的信任，反映被试人际信任程度的高低，得分越低，信赖程度越高。对被试的量表得分进行频次统计，见附表 3。

附表 3　信赖他人量表得分的频次和分布

项目	得分	频次	百分比（%）
信赖程度高	1	4	5.7
	2	2	2.9
	3	28	40.0
	4	26	37.1
	5	10	14.3
信赖程度低	6	0	0.0

由附表 3 可知，中等信赖程度的被试占据了大部分，得分为 3 和 4 的被试一共占到总数的约 80%，得分为 6 的低信赖程度，一个也没有，有少数人的得分为 1，为高信赖他人者。

信任游戏实验中，被试分别充当三种角色（投资者、接受者和旁观者）各一次。不同的投资角色的按键反应和频次，见附表 4。

附表 4　先、后投资者按键选择的频次表（n=70）

项目		角色		合计
		投资者	接受者	
反应	按“1”（利己决策）	44，63%	12，17%	56%
	按“2”（信任决策）	26，37%	58，83%	84%

从附表 4 可知，投资者做出利己决策 44 次，占总次数的 63%，做出信任决策 26 次，占总次数的 37%。接受者做出利己决策 12 次，占总次数的 17%，做出信任决策 58 次，占总次数的 82%。经 χ^2 检验，投资者按键选择的频次，差异达显著水平（χ^2=30.48，df=1，p=0.00，n=70）。这表明信任游戏中，角色对决策具有影响作用。这种不一致可能表明，被试认识到信任具有的风险性，个体信赖他人的程度较低，但面对他人给予信任时，还是愿意回报这种信任的。

《人际信任量表》测量的信任与信任游戏测量的信任行为之间表现出不一致，这个结果符合人们的生活经验：较高的人际信任的人也可能表现出较低的信任行为。正是基于这种不一致性，人们才会通过设置一些制裁或者惩罚来惩戒背信弃义的人。

对于投资者和接受者的利己决策（按“1”键的反应），旁观者可以给予一定程度的有代价惩罚。惩罚值最小为0，最大为20。旁观者有代价惩罚的力度和百分数见附表5，有代价惩罚的平均数和标准差见附表6。

附表5　旁观者惩罚的力度和百分比　　单位：%

惩罚强弱	百分比	累积百分比
0	20	20
3	1	21
5	28	49
10	20	69
15	13	81
18	1	83
20	17	100

由附表5可知，20%的旁观者选择了不惩罚投资者，80%的旁观者选择了惩罚投资者，并且50%以上的被试选择了10个代币及以上的有代价惩罚，还有17%的被试选择了20个代币的有代价惩罚，惩罚强度较大。

附表6　旁观者惩罚代币数的平均数和标准差

惩罚	*M*	*SD*
非信任决策	5.23	4.18
违背信任/利己决策	12.80	7.10

由附表6可知，对投资者的利己决策，旁观者惩罚的平均数为5.23，对接受者的利己决策，旁观者惩罚的力度为12.80。方差齐性的Levene’s检验发现值小于0.05，说明两个样本来自不同的总体。在两组方差不等时，进行一元方差分析，均值的检验结果p值为0.00，这表明有充分把握拒绝原假设，得出两组的平均值存在显著性差异的结论（F=59.12，df=1，p=0.00，n=70）。

（二）大学生的信任现状

1. 一般人际信任水平现状

《人际信任量表》测量的是一般的人际信任，测查被试对一般人的可信性、诚实、善良、慷慨和友爱等是否有信心。结果表明，50%的大学生被试表现出中等程度的对他人的信赖（得分在 3 分以下，包括 3 分）。常模的结果是67%的大学生被试表现出中等程度的对他人的信赖（得分在 3 分以下，包括 3 分），与常模相比较，当代大学生信赖他人的水平较低。不过，值得一提的是，这个常模数据是 1952 年调查 4585 名大学生的结果，距离现在过于久远。

《人际信任量表》测量的信任与信任博弈测量的信任行为之间表现出不一致，测量研究中常常存在社会期许效应，中国有句古话，了解一个人，不仅要“听其言”，还要“观其行”。测量研究只是研究问题的一种方式，为了尽量地规避社会期许效应，实验范式成为测量研究之外，更具说服力的一种方法。在行为研究中，信任博弈成为研究信任的一种常用方法，它将个人对他人的信任程度进行量化，将人们只可意会、无法言传的心理感受通过行为反应来进行评定，无疑更具客观性。

2. 信任与可信赖

信任博弈保留了信任概念的核心，操作起来简便，投资者对接受者有信任、不信任两个维度，信任就将决策权交给接受者，不信任就自己做出决策。同时，这个博弈也反映了接受者面对被信任时，如何做出反应：是回报对方的信任，做出可信赖的决策；还是违背信任，做出更有利于自己的决策。信任游戏通过这样的选择过程，将人们说不清、道不明的“信任”和“可信赖”进行了简化，保留了信任感受的核心，即“个体愿意相信对方会与之在某种风险活动中互惠（对方也要付出一定的成本）”。

传统经济学理论可以解释利己决策，人们在做决策时，尽量使自己的利益最大化。按照传统经济学的观点，做出利己决策无可非议。对接受者而言，（5，50）是个人利益最大化的选择，是最优选择。对投资者而言，假如将决策权交给后投资者，而（5，50）是接受者的最优选择，他必然要选择（5，50），自己就只能得到 5 个代币，为了避免自己的利益受损，那么对投资者而言，最优的选择就是（20，20）。

信任博弈还增加了旁观者，以观察人们做出利己、信任决策的基本情况。实验结果表明，投资者做出利己决策（20，20）占总次数的 63%，做出信任决策（让后投资者参与决策）占总次数的 37%。也就是说，在信任还是不信任的问题上，37%的投资者选择信任他人，63%的投资者选择不信任他人，与量表测量相比较，信任的比例更低，不信任的比例更高。接受者做出信任决策（30，30）占总次数的 82%，做出利己决策（5，50）占总次数的17%。信任决策的比例最高（82%），利己决策次之（63%，17%），信任决策较差（37%），选择公平决策的比例最高。这个结果证实原假设具有合理性，即信任博弈中，与利己决策相比较，较多的人做出信任决策，信任对行为决策起直接作用。

投资角色对合作具有影响作用，在信任博弈中，投资者表现为不信任，倾向于做出利己决策；接受者多数人会回馈这种信任，做出信任的决策。这样看来，人是会“变心”的，所处的角色位置不同，其行为表现也会不同，类似于搭乘拥挤的公交车时，还没有挤上去的人，一旦挤上踏板，就会大喊，“别挤了，已经搭载不下了，坐下一辆吧”。

3. 信任与惩罚

旁观者可以对利己决策实施有代价惩罚。实验结果表明，20%的旁观者选择了不惩罚利己决策，80%的旁观者选择了惩罚，并且 50%以上选择了 10 个代币及以上的惩罚，还有 17%的被试选择了 20 个代币的惩罚，惩罚强度较大。旁观者愿意付出代价惩罚利己决策。旁观者即使付出代价，也愿意惩罚不合作的行为。大约有 60%的第三方愿意惩罚违反公平和合作的参与人。第三方有代价惩罚的存在，说明人们愿意维护公认的社会道德规范，面对不公平现象时，即使是那些与己无关的他人遭受不公平的对待，也会产生不满和愤怒情绪，目睹他人破坏规范就会引发强烈的惩罚意愿，证实第三方有代价惩罚具有道德正义的内涵。

与此同时，该研究结果还表明，投资者利己决策（20，20）遭到惩罚的平均数为 5.23，接受者利己决策（5，50）遭到惩罚的平均数为 12.80。显而易见，接受者更容易遭到旁观者的惩罚。学者推测：在人们的观念里，背叛信任比不信任更需要遵守伦理，被信任的一方需要回馈这种信任。

通过该实证研究发现，大学生人际信任水平不高。量表测量为 50%，通过信任游戏得出的为 37%。大学生信任他人比回报信任更困难。投资者做出利己决策（20，20）占总次数的 63%，做出信任决策（让后投资者参与决策）占总次数的 37%。接受者做出利己决策（5，50）占总次数的 17%，做出信任决策（30，30）占总次数的 83%。大学生即使付出代价，也愿意惩罚背叛信任的行为。

附录二　社会价值取向、感戴与信任的实证研究

本书中以人际属性（父母/朋友/恩人/陌生人）作为自变量，信任水平存在差异，提出研究假设：①个人与不同人际关系的他人信任存在差异，与父母的合作高于其他人，与恩人的合作高于陌生人。②社会价值取向对信任产生影响，其心理过程可能与个体的感戴水平有关，感戴是二者之间的中介变量。

一、对象

采用整群随机抽样的方法，选取218名河南省某综合性大学本科二年级学生，排除作答有缺失和理解有误的问卷，有效问卷数据 201 份，平均年龄为20.89±0.95 岁，文史类、理工类专业各占一半。其中，男生 94 人，占 46.8%；女生 107 人，占 53.2%。

二、方法

（一）给—游戏

给一游戏是社会困境的一种变式，核心内涵仍是个人理性与群体理性具有一定的冲突。“请你完成一项任务：两个人一组，每个人拥有 4 个筹码，若是把筹码交给同伴，每个筹码值 20 元，留给自己则每个筹码值 10 元；与此同时，同伴也做同样的决策。那么，在不知对方给予你几个筹码的情况下，你愿意给同伴几个筹码？”最好的合作式的解决办法是被试把 4 个筹码都给对方，这样最后每个人得到 4 个筹码，每个筹码值 20 元，合计 80 元。最自私的决策是自己保留 4 个筹码，40 元，然后对方给他 4 个筹码，80 元，个人合计 120 元，同伴一无所获。“当同伴是父母（朋友、陌生人、给过你帮助的人）时，你愿意给出几个筹码？”

为了确保被试理解这个情景，给出了四道检测题，如“你将 2 个筹码交给对方，对方给你 2 个筹码，你将拥有多少元，对方拥有多少元”，来检验被试确实理解了这个情景，回答错误的被试的数据最后将被删除。

采用纸笔作答的方式，以班级为单位完成数据的收集，给予游戏中同伴的人际属性（父母、朋友、恩人、陌生人）的排列也进行随机平衡。

（二）三重对策矩阵

采用“三重对策矩阵”对社会价值取向进行测量（严进，王重明，2000）。每道题目由三个选项构成，被试要从这三个选项中选择一个。实验假设被试和另一个人同时做出一些分配决策，他们互不相识，而且永远也不会相遇。在每个选项中，有一些点数是要分配给被试的，另一些点数是要分配给同伴的，点数是有价值的，自己得到的点数越多，对自己越好。在这三个选项中，给自己和给同伴分别分配不同的点数。“三重对策矩阵”的规律为：选择一的自己获益是三个选择中最高的，选择二的自己获益与他人获益的差异是三个选择中最大的，选择三的双方获益之和是三个选择中最高的。测试时将三个选择的顺序随机打乱。无论被试倾向于个人利益、群体利益，还是与对手的得益差异，都只能倾向于其中的一种选择，如附表 7 所示。

附表 7　社会价值取向三重对策矩阵示例

结果	例一		例二		例三	
	自己获益	他人获益	自己获益	他人获益	自己获益	他人获益
选择一	50	20	50	15	60	30
选择二	40	0	40	0	50	10
选择三	40	40	40	40	50	50

如果倾向于选择一，被试个人的绝对获益最高，表明被试是个人主义取向；倾向于选择二，表明被试倾向于与别人竞争，是竞争型的价值取向；倾向于选择三的被试着重关心双方的共同利益，这样的被试属于亲社会价值取向。基于全部被试社会价值取向测量的结果，将在 12 次决策中至少有 7 次做出一致决策的被试确定为具有较稳定价值取向的个人，而且根据本书的结果是，几乎没有人选竞争型。统计结果表明，亲社会价值取向的被试有 131 名，占总人数的 65.2%；个人价值取向的被试有 70 名，占总人数的 34.8%；竞争价值取向的被试一个也没有，与前人的研究具有一致性。

（三）《大学生感戴量表》

《大学生感戴量表》（Gratitude，Resentment and Appreciation，GRAT）测量的是大学生感戴的特质水平，将感戴分为三个因素：对社会的感激、对自然事物的感激和充实感（剥夺感的缺失）。量表具有良好的信度，量表的内部一致性信度 α 系数为 0.910，分半信度为 0.902，重测信度为 0.813。验证性因素分析结果表明，所提取的 3 个因素与构想模型拟合较好。在本书中该量表的内部一致性系数为 0.879，分半信度为 0.865，符合测量学的标准。

采用纸笔的方式，以班级为单位完成数据的收集，包括"三重对策矩阵（12 个）""给—游戏""大学生感戴量表"三部分内容，印制在一份问卷上。其中，三重对策矩阵中三种类型的排列顺序进行随机平衡；给—游戏中同伴的人际属性（父母、陌生人、朋友、恩人）的排列也进行随机平衡。

统计方法：采用 SPSS17.0 和 AMOS17.0 进行数据的录入和统计分析。

三、结果

游戏对象的人际属性不同，大学生被试在"给—游戏"中愿意给出的筹码也不同。将筹码换算成对应的金额，给出 1 个筹码为 20 元，2 个为 40 元，由此类推，作为大学生被试合作的指标。面对父母、朋友、陌生人或恩人时，被试给出的筹码的数量是不一样的，首先给父母最高，平均数为 77.81，接近最大值 80；其次是朋友，为 63.38；再次是恩人，为 57.41；最后陌生人的水平最低，为 25.97，如附表 8 所示。

附表 8　不同人际关系与信任水平

比较项	对父母的信任	对朋友的信任	对陌生人的信任	对恩人的信任
M	77.81	63.38	25.97	57.41
SD	7.2	18.24	18.34	18.90

双因素方差分析，结果表明：①社会价值的主效应显著，F（1，803）= 16.85，p<0.01，效应量 χ^2=0.02，亲社会价值取向比个人价值取向的信任程度高；②人际属性的主效应显著，F（1，803）=339.86，p<0.01，效应量 χ^2=0.56，这表明当个人与不同人际属性的对象进行游戏时，信任水平存在显著差异；③社会价值取向与人际属性之间的交互作用不显著，F（1，803）= 1.40，p=0.24。以性别为分组变量，比较男、女大学生在各种人际属性下的信

任水平，结果不存在差异。以专业为分组变量，比较理工类和文史类学生的信任水平，结果不存在差异。

社会价值取向、感戴的三个维度（相对剥夺感、对社会的感激、对自然的感激）与不同人际属性的信任（父母、朋友、陌生人、恩人）之间的相关关系，如附表 9 所示。

社会价值取向、感戴与不同人际属性对象信任之间的皮尔逊相关分析表明，社会价值取向与感戴总分呈显著正相关，r =0.42，p<0.01；社会价值取向与信任总分之间呈显著正相关，r =0.20，p<0.01；感戴总分与信任总分之间也呈显著正相关，r =0.22，p<0.01。

附表 9　社会价值取向、感戴与信任之间的 Pearson 相关性（*n*=201）

	社会价值	父母	朋友	陌生人	恩人	剥夺感	对社会	对自然
社会价值	1							
父母	0.10	1						
朋友	0.10	0.35**	1					
陌生人	0.18*	0.15*	0.53**	1				
恩人	0.20**	0.28**	0.55**	0.57**	1			
剥夺感	0.33**	0.01	0.03	0.05	0.10	1		
对社会	0.36**	0.05	0.06	0.17	0.23**	0.31**	1	
对自然	0.23**	0.17*	0.25**	0.25**	0.15*	0.22**	0.49**	1

* p<0.05，** p<0.01

根据温忠麟提出的中介效应检验方法，运用结构方程模型分析中介效应，模型中可以同时出现显变量和潜变量。另外，若自变量为分类变量，把自变量当作虚拟变量来处理，分析方法与自变量为连续变量相同。在本书中，社会价值取向为显变量（自变量为分类变量）；合作为潜变量（因变量），由观察变量（与父母、朋友、陌生人和恩人的信任水平）构成；感戴为潜变量（中介变量），由观察变量（剥夺感的缺失、对社会的感激、对自然的感激）构成，故采用结构方程模型验证感戴在社会价值取向和合作之间的中介效应，如附图 2 所示，中介模型的绝对与相对拟合指数见附表 10。

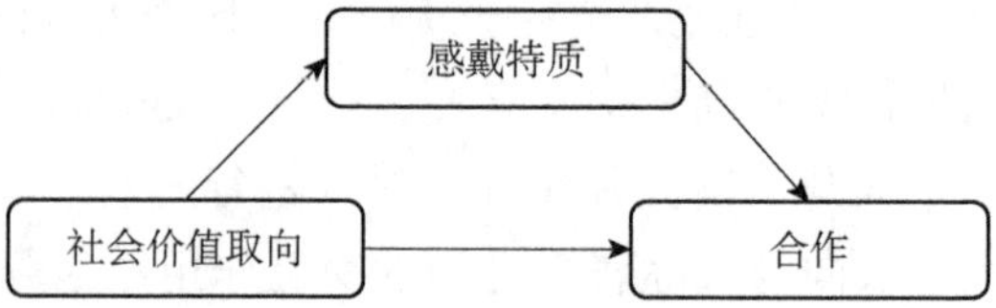

附图 2　感戴在社会价值取向与信任之间的中介效应

运用结构方程模型分析中介效应是否存在，主要看两个方面，首先，中介模型的拟合指数，一般情况下，满足 $\chi^2/df<3$；GFI、CFI、AGFI、NFI 大于 0.9；SRMR 和 RMSEA 小于 0.1，认为模型比较理想，由附表 10 中的拟合指数可以看出，除了 IFI 以外，其他拟合指数均在理想范围之内，故从拟合指数上看，模型假设得到了验证。其次，以路径系数大小和其显著性说明中介效应是否存在，若 a、b、c'系数均显著，说明中介变量具有部分中介效应，若 a、b 显著而 c'不显著，则中介效应为完全中介。通过感恩在社会价值取向与合作之间的中介效应分析（标准化）得出，社会价值取向与感戴之间的路径系数 $a=0.47$，$p<0.01$；社会价值取向与合作的路径系数 $c'=0.13$，$p<0.01$；感戴与合作之间的路径系数 $b=0.27$，$p<0.01$。这说明感戴在社会价值取向和合作之间具有部分中介效应，社会价值取向对大学生合作既有直接效应，又有以感戴为中介的间接效应。中介效应的解释量为 49%［中介效应量用 $ab/（ab+c'）=0.47\times0.27/（0.47\times0.27+0.13）=0.49$］。

本书采用的模型拟合指标为 $\chi^2/df=2.09$，$p=0.04$。社会价值取向、感戴与合作的中介效应检验模型的拟合指数如附表 10 所示。

附表 10　中介效应检验模型拟合指数

χ^2	df	χ^2/df	RMSEA	SRMR	GFI	AGFI	NFI	CFI	IFI
39.73	19	2.09	0.074	0.061	0.95	0.91	0.90	0.91	0.85

附表 10 显示，拟合指数良好，说明数据与建构模型拟合度较高，设置合理。

通过对社会困境中大学生的社会价值取向、感戴与信任关系的探讨，得出如下结果：①大学生被试在面对不同社会距离的人时，依照父母、朋友、恩人、陌生人的次序，合作水平递减。单因素方差分析的结果表明，合作水平的差异显著。当大学生被试面对不同人际关系时，表现出不同的信任水平。②社会价值取向对信任的影响作用中，感戴作为一种社会情感特质，起中介作用，中介效应的解释量为 49%，既包括社会价值取向对信任的直接影响，又包括以感戴为中介的影响。亲社会价值取向的人感戴水平较高，信任水平也较高。

附录三 惩罚强弱影响合作的实验研究

一、对象

70 名本科二年级学生参加了正式实验研究，其中男生 29 人，女生 41 人，年龄为 19～21 岁，平均年龄为 20.09 岁，裸视或矫正视力正常，均自愿参加实验，以前未参加过类似实验，对实验目的不明确。

二、方法

（一）资源两难投资实验

资源两难投资实验是公共物品博弈的变形，投资群体由 4 个成员组成，每人拥有私人账户和公共账户。每次投资任务被试拥有 50 个代币，被试自由选择向公共账户投资的金额。若投资总额达到 100 个代币，公共账户的代币增值 2 倍，平均分配给该组的 4 个成员。若公共账户的代币数没有达到 100，那么投给公共账户的代币被充公，大家都不能从中得到代币。4 个人都向公共账户投资，收益取决于大家的投资总额。

（二）实验设计

人际熟悉度×任务条件×惩罚（2×3×2）的混合设计，其中 A 人际熟悉度为被试间变量，有两个水平：陌生人和熟人；B 任务条件为被试内变量，有三个水平：其他人高合作条件（50，30，20）、其他人中等合作条件（25，25，10）、其他人不合作条件（50，0，0）；C 惩罚为被试内变量，有两个水平：小惩罚（5 个代币）、大惩罚（25 个代币）。

实验任务：

【A1】熟悉人组，小组成员都是您的同学，请您输入您愿意同组的在座的同学的姓名：________________

【A2】陌生人组，小组成员都是来自网络的陌生人，请选择您愿意同组的人员编号：________________

【B1C1】①与您同组的其他三个人的投资结果已经出来了，每个人投资的代币数分别是：50 个、30 个、20 个。②小惩罚条件是指投资总额少于 100，4 个人各减少 5 个代币。投资总额达到 100 以上，投出最少者罚掉 5 个代币。您打算投出多少？

【B1C2】①与您同组的其他三个人的投资结果已经出来了，每个人投资的代币数分别是：50 个、30 个、20 个。②大惩罚条件是指投资总额少于 100，4 个人各减少 25 个代币。投资总额达到 100 以上，投出最少者罚掉 25 个代币。您打算投出多少？

【B2C1】①与您同组的其他三个人的投资结果已经出来了，每人投资的代币数分别是 25 个、25 个、10 个。②小惩罚条件指投资总额少于 100，4 个人各减少 5 个代币。投资总额达到 100 以上，投出最少者罚掉 5 个代币。您打算投出多少？

【B2C2】①与您同组的其他三个人的投资结果已经出来了，每人投资的代币数分别是 25 个、25 个、10 个。②大惩罚条件是指投资总额少于 100，4 个人各减少 25 个代币。投资总额达到 100 以上，投出最少者罚掉 25 个代币。您打算投出多少？

【B3C1】①与您同组的其他三个人的投资结果已经出来了，每人投资的代币数分别是 50 个、0 个、0 个。②小惩罚条件指投资总额少于 100，4 个人各减少 5 个代币。投资总额达到 100 以上，投出最少者罚掉 5 个代币。您打算投出多少？

【B3C2】①与您同组的其他三个人的投资结果已经出来了，每人投资的代币数分别是 50 个、0 个、0 个。②大惩罚条件是指投资总额少于 100，4 个人各减少 25 个代币。投资总额达到 100 以上，投出最少者罚掉 25 个代币。您打算投出多少？

（三）被试的分派

被试奇数编号为熟悉人组，偶数编号为陌生人组。每组被试面对 6 种实验处理。每个被试做 6 次投资，6 种处理分配给被试，某个被试接受哪种顺序安排，取决于被试编号。实验处理为 12 组，因此 1、13、25……号被试分配给处理 1，2、14、26……号被试分配给顺序处理 2，3、15、27……号被试分配给处理 3，以此类推。

处理 1：A1B1C1；处理 2：A2B1C1；处理 3：A1B2C1；处理 4：A2B1C2；处理 5：A1B3C1；处理 6：A2B3C1；处理 7：A1B1C2；处理 8：A2B2C1；处理 9：A1B2C2；处理 10：A2B2C2；处理 11：A1B3C2；处理 12：A2B3C2。

情绪调查：

“资源投资中，小组成员每人拥有 50 个代币，他的行为让您感到生气吗？”（1=完全不生气，2=比较生气，3=有点生气，4=很生气，5=非常生气）。

1）某一成员投出了 50 个代币。　　1-2-3-4-5

2）某一成员投出了 40 个代币。　　1-2-3-4-5

3）某一成员投出了 30 个代币。　　1-2-3-4-5

4）某一成员投出了 25 个代币。　　1-2-3-4-5

5）某一成员投出了 20 个代币。　　1-2-3-4-5

6）某一成员投出了 10 个代币。　　1-2-3-4-5

7）某一成员投出了 0 个代币。　　1-2-3-4-5

（四）实验过程

先向被试介绍资源投资的规则，为了确保被试理解规则，进行 3 个问题的理解检验：①四个成员每人往群体账户投资 25 个代币，每个成员从公共账户得到的代币是多少？（正确答案为 50 个代币）；②三个成员共投出 60 个代币，另外一人投出 25 个代币，每个成员从公共账户得到的代币是多少？（正确答案为 0 个代币）；③三个成员共投出 50 个代币，您投出多少代币，大家才可能从公共账户得到代币？（正确答案为 50 个代币）。

只有回答正确才能进入投资过程，回答错误则返回上一页，理解规则。

通过理解检验后，进入资源投资，呈现实验处理，每种实验处理出现一次，共 6 次投资，反馈每次投资的收益。6 次投资结束后，反馈此阶段的收益和整个投资的收益。

呈现情绪调查。情绪调查结束后，整个研究结束，谢谢被试，并告知被试“多数被试选择了每人 20 元的酬谢方式，请向实验组织者领取”。

（五）仪器和材料

实验仪器为联想电脑，配置为 Intel（R）Pentium（R）Dual E2140@1.60 GHZ，联想 17 寸液晶显示器。实验时显示器分辨率为 1024×968 像素，监视器刷新频率为 75 赫兹。实验程序用心理学实验专用开发软件 Inquisit 3.0.2.0 编制，在 Windows XP 操作系统上运行。

使用 SPSS11.0 进行统计的分析与处理，用 Microsoft Excel 绘制图，小数点后超出两位的统计结果四舍五入，小数点后保留两位。

三、结果

（一）人际熟悉度的主效应

自变量为人际熟悉度（熟人、陌生人）、他人合作条件（高、中、低）和惩罚强弱（大、小）。熟人、陌生人在 6 种不同的实验条件下，投资的平均数和标准差见附表 11。

附表 11　人际熟悉度 × 他人合作条件 × 惩罚强弱的平均数和标准差

项目	熟人		陌生人	
	M	*SD*	*M*	*SD*
高合作+小惩罚	30.13	12.08	23.15	17.39
高合作+大惩罚	35.35	17.26	22.33	18.73
中合作+小惩罚	40.60	10.13	34.00	17.24
中合作+大惩罚	38.64	16.05	37.63	13.79
不合作+小惩罚	46.43	13.11	35.41	22.94
不合作+大惩罚	26.71	24.42	38.65	20.40

对不同实验条件下的平均数进行差异检验，以人际熟悉度、条件、惩罚为自变量，投资为因变量，做方差分析，结果见附表 12。

附表 12　陌生人、熟人投资的方差分析

误差来源	*SS*	*df*	*MS*	*F*
截距	469 993.12	1	469 993.12	1 526.72***
人际熟悉度	1 988.31	1	1 988.31	6.46*
惩罚	307.33	1	307.33	1.00
条件	8 293.23	2	4 146.61	13.47***
人际熟悉度×惩罚	1 430.45	1	1 430.45	4.65*
人际熟悉度×条件	1 931.76	2	965.88	3.14***
条件×惩罚	2 224.51	2	1 112.25	3.61*
人际熟悉度×条件×惩罚	3 715.37	2	1 857.69	6.03**
误差项	127 447.47	414	307.84	

* p<0.05，** p<0.01，*** p<0.001

每个自变量的单独效应称为“主效应”（main effect），当一个自变量的效应随着另一个自变量的水平而变化时，称为“交互效应”（interaction effect）。由附表 12 可知，人际熟悉度、条件对投资的主效应显著，惩罚对投资的主效应不显著，人际熟悉度、条件、惩罚三者之间，两两的交互效应显著，三者的交互作用也显著。这样看来，在考虑主效应同时，也要考虑到交互效应。

（二）人际信任和惩罚强弱的交互效应

人际熟悉度、他人合作条件和惩罚强弱三个变量对投资有交互效应，$F=6.03$，$p<0.01$，如附图 3 所示。

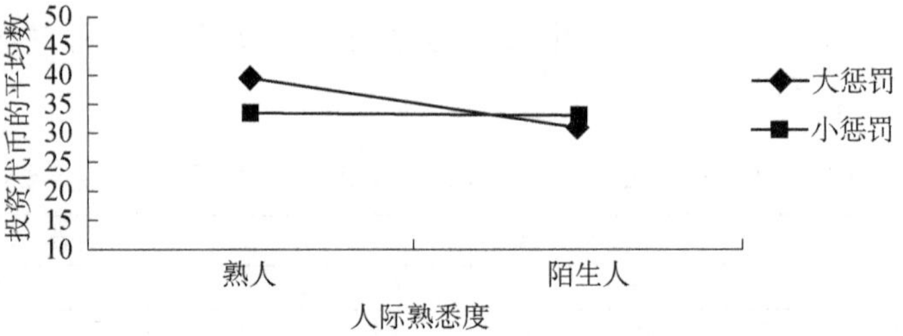

附图 3　人际熟悉度×他人合作条件×惩罚强弱交互作用

在附图 3 中，在 6 种实验条件下，除了“低合作+小惩罚”条件外，其余 5 种条件下的投资，熟人组都显著高于陌生人组。

方差分析表明，三个自变量两两之间存在交互作用，以下用图形将变量间的交互作用各自表达出来。

1）人际熟悉度与惩罚强弱对投资存在交互效应，$F=4.65$，$p<0.05$，连接两点的线段表示惩罚强弱在人际熟悉度的一个特定水平（熟人或陌生人）上的效应。这些线段表现了惩罚强弱对投资的简单效应。所谓简单效应是指在两因素设计中，一个自变量在另一个自变量的某一水平上的效应。

大惩罚条件下，投资从熟人到陌生人是降低的；小惩罚条件下，投资在人际熟悉度的两个水平上保持了相同的高度。在大惩罚条件下的人际熟悉度的简单效应显示：熟人比陌生人投资更多。在小惩罚条件下的人际熟悉度的简单效应显示：人际熟悉度不影响投资。

2）人际熟悉度与他人合作条件对投资存在交互效应，$F=3.14$，$p<0.001$，如附图 4 所示。

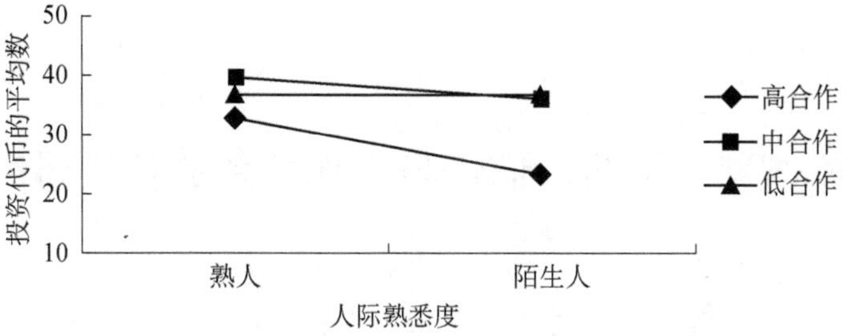

附图 4　人际熟悉度×他人合作条件交互作用

附图 4 中，高合作和中合作条件下，投资从熟人到陌生人都是降低的；低合作条件下，投资在人际熟悉度的两个水平上保持了相同的高度。在高合作和中合作条件下的人际熟悉度的简单效应显示：熟人比陌生人投资更多。在低合作条件下的人际熟悉度的简单效应显示：人际熟悉度不影响投资。

（三）情绪状态

投资实验结束后，呈现一个关于情绪的调查问卷，“合作投资中，小组成员每人拥有 50 个代币，某一成员投出了 *n* 个（*n*=50/40/30/25/20/10/0）代币。他（她）的行为让您感到生气吗？（1=完全不生气，5=非常生气）”有 7 道问题，调查结果见附图 5。

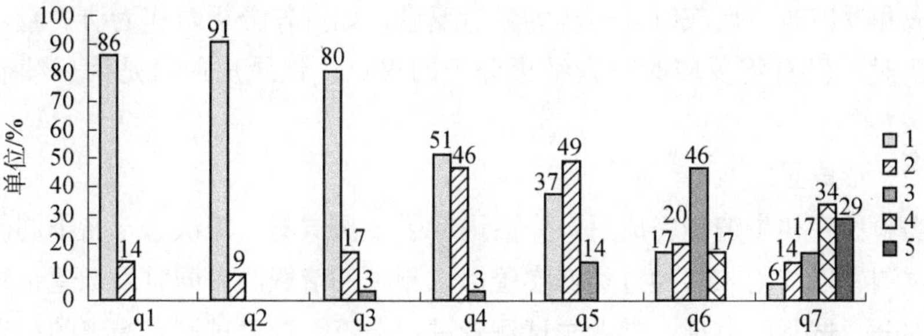

附图 5　生气程度和百分比

由附图 5 可知，被试的生气状态与其他成员投资代币的多少有关，当他人投资代币在 30 个以上时，80%的被试完全不生气；当他人投出代币为 25 个时，51%的被试完全不生气；而当他人投出代币少于 25 个代币时，投出的代币逐渐减少，完全不生气的人数也随之减少，从 37%降低到 6%，生气程度在慢慢增加。当他人投出代币为 0 时，6%的被试完全不生气，29%的被试非常生气。

附录四　惩罚、信任与合作关系的实验研究

本研究理论假设如附图 6 所示。

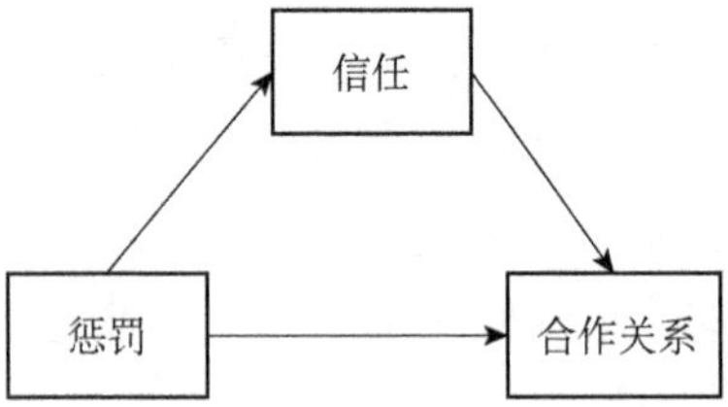

附图 6　惩罚、信任与合作关系的理论假设模型

正式实验前的几点说明：

（1）实验程序的编制

整个实验过程在计算机上呈现，实验程序采用 Inquisit 3.0.2.0 软件，实验程序包括与研究有关的指导语、正式实验、结束语等所有内容，记录被试的操作反应和反应时。反应时只是作为参考变量，如方差分析时作为协变量，在结果分析时，没有将反应时作为结果分析的重点，记录反应时是为后续研究做准备。

（2）形成正式版本

实验程序初步编制完成后，先后进行了 8 次试测，每次请一名不同的试测者，试测者以前均未参加过类似实验。试测时，请试测者同时用纸笔记录有疑问的部分，试测结束后，学者与试测者进行交流，针对试测者提出的问题，进一步修改和完善程序。第 8 次试测时，试测者没有对实验过程和设计提出任何疑问，最终形成了本书实验程序的正式版本。

（3）预备实验

以 4 名本科生和 16 名心理学研究生为被试，使用正式版本进行预备实验。在预备实验过程中发现，集体实施时，实验环境尤为重要。通过预备实验，发现了事先没有考虑到的一些关于实测环境方面的问题和数据收集方式的问题。

（4）正式实验

对实验过程和程序进一步完善后，才进行正式实验。被试均熟悉计算机的使用，签署《知情同意书》后，开始正式实验。整个实验过程被试始终注视屏幕。被试坐在距显示屏约 50 厘米处，左手放在数字键上，右手拿鼠标。指导语和正式实验均呈现在屏幕上，计算机记录被试的按键反应和反应时。

（5）匿名、虚拟的游戏情境

实验开始时，告知被试是在与真实的他人在同时进行投资活动，实际上，被试看到的他人行为反馈，是事先设计好的，是电脑给予的实验条件反馈。在实验结束时，假如个别被试有疑问，向被试进行解释和说明。并且，该被试的实验结果不纳入研究的统计分析，视为无效被试。

（6）实验效度

行为实验的测试在被试熟悉的环境，即所在院系的计算机教室进行。对于实验社会心理学的研究来说，由于社会系统本身的复杂性，实验的模拟环境和社会实际情况不可能完全一致。并且，参与实验的是有感情和理性的人，因此极难将外部因素完全排除，无法像自然科学的实验研究那样准确。

用实验方法来探讨变量间的因果关系，通过设计实验控制内部效度，同时，为了提高实验的生态效度，也采取了一些措施，尽可能提高其外部效度。

1）在社会两难中，由于群体规模庞大，或者其他一些原因，信息沟通不畅，有限理性等，n 个参与人之间通常无法形成有效的监督机制，此时参与人彼此互相监督是很难完成的任务，据此，在设计实验时，采用的是匿名方式，即单次投资博弈后，参与人之间彼此并不知道对手的具体情形，即使博弈重复进行，参与人遇到的也是“投资陌生人”，即每次博弈都随机挑选配对，彼此不知道对方是谁，具有哪些秉性或特点。这样的实验设计更契合社会两难的现实情境。

2）在社会两难情境中，惩罚作为一种外在的监督方式，惩罚一方通常是需要付出额外成本的，包括精神层面和物质层面的成本。例如，要打起精神，特别注意他人的行为反应，或者是要花费一定的时间来实施惩罚或者是解释何以惩罚等，所以本书实验 1 和实验 3 的设计中，惩罚的设置为有代价惩罚方式，它更符合现实情境。

3）投资博弈牵涉收益和损失，被试参与实验的动机水平，可能与实验的结果有明显的相关，所以在给予被试酬谢一栏中，表明在研究结束时，有三种不同的付酬方式：①投资有赚也有赔，赚取的“代币”换算成真实的金钱支付给被试（100 个代币=10 元），损失的代币不需拿钱赔付；②给予每个人 20 元钱作为酬谢；③其他。最终依据大多数被试选择的方式给予酬谢，其中研究投资阶段赚得的代币可以换成真实的金钱的酬谢方式，与现实的投资情境具有一致性。

一、对象

70 名本科二年级学生参加了正式实验研究，其中，男生 29 人，女生 41 人，年龄为 19～21 岁，平均年龄为 20.09 岁，裸视或矫正视力正常，均自愿参加实验，以前未参加过类似实验，对实验目的不明确。

二、方法

1. 实验设计

投资群体由 4 个成员组成，每人每次投资拥有 20 个代币，拥有私人账户和公共账户。私人账户的代币归个人所有，公共账户的代币增值 2 倍后，平均分配给该组的 4 个成员。4 个成员都向公共账户投资，收益取决于他们的投资总额。

私人账户的收益 S＝得到代币 Y＋（20－投资 X）

得到代币 Y＝公共账户的投资总额 $W\times 2\div 4$

私人账户的代币是自己的，1 个就代表 1 个，被试向公共账户投资 1 个代币，能得到 $1\times 2\div 4=0.5$ 个代币，其他每人也能得到 0.5 个代币。

实验系统先给每个人 20 个代币，有 7 次投资机会。随机选择 4 个人为一组，成员之间不知道对方的身份。每次投资之后，改变小组的成员。同组的 4 个成员同时决定这次投出多少个代币。被试一旦决定投出多少个代币，请在 0～20 输入数字，输入确定后就不能再更改。小组内大家都做完决策后，在被试的屏幕上会显示 4 个组员向公共账户投资的代币数（向被试呈现其他三个成员的投资情况，实际上是随机选取的三种其他人合作条件之一）。显示这轮中被试的收益和损失。

▲负数表示损失的代币，但被试仍然可以继续投资。

第 n 次投资，请问：您向公共账户投资多少个代币？

公共物品投资，历经三个阶段和三种不同的任务条件，为任务条件×阶段

（3×3）的被试内实验设计，其中任务条件是指组内其他成员的合作程度，分为 3 个水平；阶段是指惩罚设置之前、设置之后和取消惩罚，分为 3 个水平。

三个阶段是指设置惩罚之前的投资（第一阶段）、设置有代价惩罚的投资（第二阶段）和取消惩罚之后的投资（第三阶段）。有代价惩罚是指被试支付多少数额的代币，就可以减少别人同样数额的代币。

三种条件是他人高投资（条件 1）、他人中间投资（条件 2）和他人不投资（条件 3）。另外，客观上还存在一个初始投资（条件 0），初始投资条件 0 是指个人在每个阶段的第一次投资，这时不知道其他三人的投资，据此，在结果分析时也将初始条件纳入了分析。他人高投资（条件 1）是指得知上一次投资，组中其他三人的投资分别为 10、15 和 20 时，被试这一次投资的数额。他人中间投资（条件 2）是指得知上一次投资，其他三人的投资分别为 5、10 和 10 时，被试这一次投资的数额。他人不投资（条件 3）是指得知上一次投资，其他三人的投资分别为 0、0 和 0 时，被试这一次投资的数额。

2. 实验过程

先向被试介绍公共物品投资的规则，投资重复进行，并且每次遇到的小组成员会随机更换，被试始终都不知道小组其他成员的身份，即小组成员是随机的“投资陌生人”。

为了确保被试理解规则，进行 3 个问题的理解检验：①4 人各向公共账户投资 20 个代币，您从公共账户得到的代币是多少？（正确答案为 40 个代币）②您不往公共账户投代币，其他 3 人各投 20 个代币，您从公共账户得到的代币是多少？（正确答案为 30 个代币）③您往公共账户投 20 个代币，其他 3 人不投，您从公共账户得到的代币是多少？（正确答案为 10 个代币）只有回答正确才能进入投资过程，回答错误则返回上一页，理解规则。

通过理解检验后，进入第一阶段，7 次投资，询问被试“你愿意投出多少个代币？（0—20）”第 1 次投资被试并不知道其他人的投资，从第 2 次投资开始，反馈其他三人的投资（电脑随机给予条件 1、2、3），并且反馈被试赚得代币的收益。

第一阶段结束后，进入第二阶段，7 次投资，第二阶段增加了一个有代价惩罚环节，在询问被试“你愿意投出多少个代币？（0～20）”之后，再询问被试“你愿意付出多少个代币，以减少其他人的代币值？”（你减少对方 n 个代币的同时，自己也减少 n 个代币）同样，给予被试其他三人的投资和每次投资的收益。具体的实验流程见附图 7。

第二阶段结束，进入第三阶段，7 次投资，第三阶段同第一阶段。

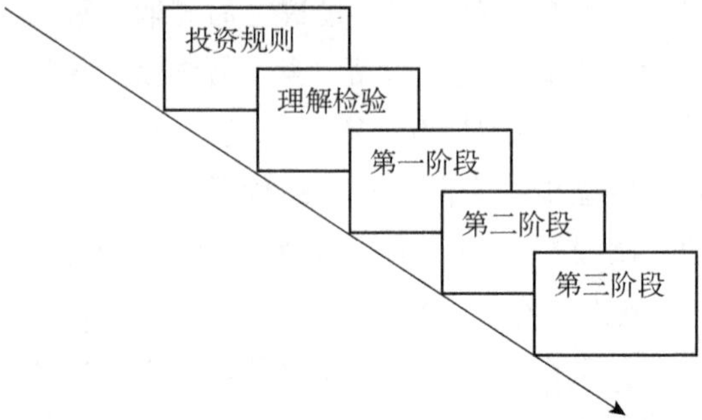

附图 7　公共物品投资博弈的实验流程

实验仪器为联想电脑，配置为 Intel（R）Pentium（R）Dual E2140@1.60 GHZ，联想 17 寸液晶显示器。实验时显示器分辨率为 1024×968 像素，监视器刷新频率为 75 赫兹。实验程序用心理学实验专用开发软件 Inquisit 3.0.2.0 编制，在 Windows XP 操作系统上运行。

使用 SPSS11.0 进行统计的分析与处理，用 Microsoft Excel 绘制图，小数点后超出两位的统计结果四舍五入，小数点后保留两位。

三、结果

（一）三个阶段、四种条件下的合作

无惩罚设置、设置有代价惩罚、取消惩罚三个阶段，每个阶段第 1 次投资，被试不知道其他三人的投资，共 7 次投资，后 6 次投资组内其他三名成员的投资设置各不相同，设置为三种合作程度条件（高合作、中间合作、不合作）。在每次投资结束时，被试得知同组其他成员的投资，也就是这一次投资时得知有关上一次投资收益的信息。

第 1 次投资，即不知道他人投资的情况下（条件 0），无惩罚（第一阶段）的投资最低，取消惩罚（第三阶段）的最高，设置惩罚（第二阶段）的居中。同一个阶段的其他 6 次投资，在他人高投资（条件 1）下，投资最高；在他人不投资（条件 3）下，投资最少；他人中投资（条件 2）时居中。显而易见，他人合作程度不同，被试的投资也略有不同。他人合作程度较高，被试投资也随之较高，表现出更高的合作水平。

三个阶段和四种条件下，公共物品投资平均数表现出差异，其中，无惩罚阶段+他人高投资条件下，投资最高（12.42）；取消惩罚阶段+不知道他人投资条件下，投资次之（11.88）；取消惩罚阶段+他人不合作，投资最低（5.96）。以阶段和条件为自变量，投资为因变量，做方差分析，结果见附表 13。

附表 13　公共物品投资差异的重复测量方差分析

变异来源	*SS*	*df*	*MS*	*F*
截距	64 530.29	1	64 530.29	2 281.63***
条件	3 200.22	3	1 066.74	37.72***
阶段	32.09	2	16.05	0.57
条件×阶段	780.83	6	130.14	4.60***
误差项	47 175.19	1 668	28.28	

*** $p<0.001$

由附表 13 可知，方差分析的结果表明，条件变量对投资有明显的主效应，阶段变量对投资无明显主效应，条件变量和阶段变量对投资存在交互效应。这说明公共物品投资中，他人合作程度变量（条件变量）影响合作，他人的高合作增加个人合作，他人的不合作减少个人合作。

方差分析的结果是，阶段的主效应不显著，阶段和条件对合作存在交互作用，为了进一步明确设置惩罚对合作的影响作用，对三个阶段的投资进行平均数的多重比较，比较两两之间平均数的差异情况，结果见附表 14。

附表 14　三个阶段平均数差异的多重比较

阶段	第一阶段 *MD*	第二阶段 *MD*
第二阶段	0.76*	
第三阶段	1.33***	0.58

* $p<0.05$，*** $p<0.001$

虽然阶段的主效应不显著，但是由多重分析可知，第一阶段、第二阶段与第三阶段均存在显著差异，第二阶段与第三阶段没有显著差异。可以说，设置惩罚之前与之后的投资差异显著。这说明：设置惩罚对投资产生影响作用，即使是取消惩罚后，这种影响作用还在持续。惩罚从无到有，再取消，会影响人们的合作行为。

公共物品投资的第二阶段设置惩罚条件，并且是有代价的惩罚方式，即减少对方几个代币，自己也相应减少几个代币。每次投资结束，被试可以选择是否惩罚其他成员以及惩罚的力度，至于被试是否被他人惩罚的信息，系统没有给予反馈。被试对其他成员惩罚的情况进行频数统计，结果见附表 15。

附表 15　有代价惩罚的大小和频次

惩罚	频次	百分比/%	累积百分比/%
0	502	71.71	71.71
1	36	5.14	76.85
2	48	6.86	83.71
3	14	2.00	85.71
4	2	0.29	86.00
5	60	8.57	94.57
7	4	0.57	95.14
8	4	0.57	95.71
10	18	2.57	98.28
14	2	0.29	98.57
15	6	0.86	99.43
20	4	0.57	100

由附表 15 可知，71.71%的被试选择了 0 惩罚，10 个代币以下的惩罚达到 95.71。这表明，多数人不愿意进行有代价惩罚，假如要惩罚，也是小额度的惩罚。也就是说，被试惩罚他人行为的实际发生率很低，加上被试并没有被惩罚的反馈信息，可以认为，被试虽然已经注意到惩罚的存在，但是有代价惩罚并没有作为一种迫使他人高投资的方式被充分地使用。

（二）惩罚阶段对合作的主效应

前人研究表明，多阶段的公共物品投资中，轮次对合作有一定的影响作用[①]，所以将轮次作为自变量纳入方差分析。以条件、阶段、轮次为自变量，投资为因变量，进行总的方差分析，结果见附表 16。

附表 16　公共物品投资的总方差分析

变异来源	*SS*	*df*	*MS*	*F*
轮次	88 589.70	1	88 589.70	3 213.55***
条件	2 876.68	3	958.89	34.78***
阶段	178.801	2	89.40	3.24*

① 科林·凯莫斯. 行为博弈——对策略互动的实验研究. 北京：中国人民大学出版社，2006：87.

续表

变异来源	SS	df	MS	F
轮次	339.246	9	37.69	1.36
阶段×条件	430.11	5	86.02	3.12**
阶段×轮次	580.05	1	52.73	1.91*
轮次×条件	1 057.84	18	58.76	2.13*
阶段×条件×轮次	829.08	22	37.68	1.36
误差项	44 328.50	1 608	27.56	

* $p<0.05$，** $p<0.01$，*** $p<0.001$

由附表 16 可知，条件、阶段对投资存在主效应，轮次没有主效应，阶段、条件、轮次三者两两之间对投资存在交互效应。

公共物品投资有三个阶段，第一阶段、第二阶段、第三阶段各 7 次投资，个人在公共物品投资中共进行了 21 次投资。三个阶段、三种投资条件下，共进行了 21 次投资，依据每次投资的平均值，绘制折线图，见附图 8。

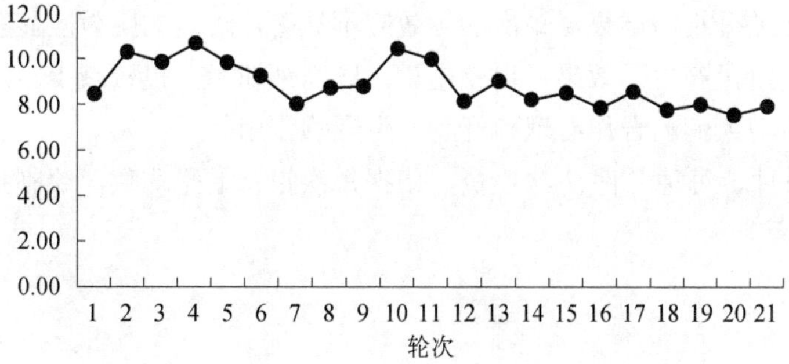

附图 8　在设置惩罚之前、之后的公共物品投资

从附图 8 可以看到，数值分布在 8～12 个代币，第 1～21 次整个投资呈一个缓缓下降趋势。第 11 次投资之前，有部分数值在 10 以上，数值有起伏；第 11 次投资后，数值都在 10 以下，数值呈逐渐下降趋势。总之，随着轮次增加，人们的投资呈下降趋势。在这点上，本书结果与前人的研究结果具有一致性。不过，在整个投资过程中，随着轮次增加，投资下降的速度并不是很快，这种现象可能是由轮次不够多而造成的。另外，在惩罚设置之后，即第 8～14 次投资，可以看到投资呈一个渐渐的上升趋势，取消惩罚后，第 14～18 次投资则维持在一个稳定的数值上。

将三个阶段，每个阶段 7 次投资，依据每次投资的平均数绘制折线图，如附图 9 所示。

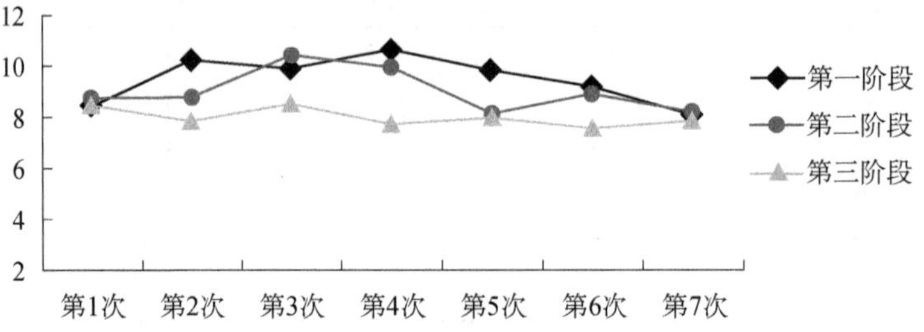

附图 9　三个阶段的公共物品投资

从附图 9 看出，每个阶段的第 1 次投资几乎没有差别，个人拥有 20 个代币，投出代币的平均值为 8.5，低于 10（个人拥有代币的一半），接下来 6 次的投资，第一阶段的投资最高，其次是第二阶段，再次是第三阶段，普遍均低于前两个阶段。其中，第一阶段和第三阶段差别较大，第二阶段的投资居中。

这种降低趋势说明可能是取消惩罚产生了效果，也可能是轮次产生了效果。结合方差分析的结果，轮次的主效应不显著，阶段的主效应显著，因此，推断应该是阶段产生了效果，也就是说，取消惩罚后，投资减少。这表明惩罚机制的设置对人们的合作心理和行为产生影响作用。

3 种条件、每种条件 7 次投资，依据每次投资的平均数，绘制折线图，如附图 10 所示。

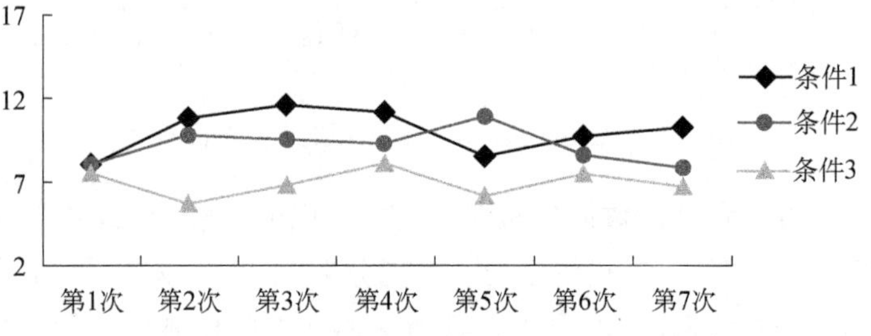

附图 10　3 种条件的公共物品投资

由附图 10 可知，其他人高合作（条件 1）的投资最高，其他人中间合作（条件 2）次之，其他人低合作（条件 3）最低。再次证明，其他人的合作程度对个体的合作产生影响。小组其他三人投出代币的多少，直接影响被试的行为反应，其他人投出代币高，被试投出代币也高；其他人投出代币少，被试投出代币也相应减少。

后　记

2006 年，我开始接触社会困境这个领域，当时就有一种耗费脑力的感觉，总觉得自己面对的不只是一个研究专题，而是经济学、社会学、管理学和心理学的纵横交叉，我仿佛站在一个由不同小路汇聚的交点，每一个方向看出去，都是出口却又望不到尽头。

在对这个领域的观望、探寻和困惑中，十多年转眼已过。各个学科的研究成果层出不穷，如果说心理学视角下的社会困境与其他学科有何不同的话，那就是心理学更关注不确定情境下决策的心理过程。基于此，我将“信任”作为理解和解释社会困境的一个线索，试图对走出社会困境提出一些解释之道和解决方法。可以说，这本书的内容更多的是对近十年来心理学学者研究成果的一种梳理和归纳。

遗憾的是，由于本人的能力和水平有限，在文献整理时难免出现疏忽和遗漏，对一些问题的论证尚显粗糙，仍有待专家学者进一步研究和完善。对我个人而言，这是第一次单独成书，我把这本书的完成视为一个阶段的暂时完结。

本书在完成的过程中得到了很多人的帮助，无法一一列出，在此我一并表示深深的感谢。

感谢我的恩师叶浩生教授，他认真严谨的治学态度，将科研当作生活的工作方式，让我认识到科研工作须追求卓越，永无止境。

感谢恩师赵国祥教授和蒋艳菊教授，两位老师对我在科研道路上的鼓励和支持，让我增强了信心。

感谢我的师弟李明博士，书稿得以完成离不开他在我读博士期间给予的很多学术支持。

感谢我的学生高晓芮、郭娟和甄梦苑认真地完成校对工作。

感谢我的家人，感谢他们对我的工作的理解与支持。

陈　欣

2019年于开封